Auxiliando a humanidade a encontrar a Verdade

A CURA PELO AMOR

© 2009 — Conhecimento Editorial Ltda

A Cura pelo Amor

Bezerra de Menezes (psicografado por Sidnei Carvalho)

Todos os direitos desta edição
reservados à
CONHECIMENTO EDITORIAL LTDA.
Caixa Postal 404
CEP 13480-970 — Limeira — SP
Fone/Fax: 19 34510143
www.edconhecimento.com.br
conhecimento@edconhecimento.com.br

Nos termos da lei que resguarda os direitos autorais, é proibida a reprodução total ou parcial, de qualquer forma ou por qualquer meio — eletrônico ou mecânico, inclusive por processos xerográficos, de fotocópia e de gravação — sem permissão, por escrito, do Editor.

Ilustração da Capa: Banco de imagens
Projeto Gráfico: Sérgio Carvalho
Revisão:
Mariléa de Castro
Meiry Ane Agnese

ISBN 85-7618-180-4 — 1ª Edição - 2009

• Impresso no Brasil • Presita en Brazilo

Produzido no departamento gráfico da
EDITORA DO CONHECIMENTO
conhecimento@edconhecimento.com.br

Dados Internacionais de Catalogação na Publicação (CIP)
(Câmara Brasileira do Livro, SP, Brasil)

Menezes, Bezerra de, 1831-1900 (Espírito)
A Cura pelo Amor / Bezerra de Menezes ; [psicografado por Sidnei Carvalho]. — Limeira, SP : Editora do Conhecimento, 2009.

ISBN 978-85-7618-180-4

1. Amor 2. Cura pela fé e espiritismo 3. Espiritismo 4. Psicografia I. Carvalho, Sidnei. II. Título

09-07331   CDD – 133.93

Índices para catálogo sistemático:
1. Mensagens psicografadas : Espiritismo : 133.93

Bezerra de Menezes

A CURA PELO AMOR

1ª edição
2000

EDITORA DO
CONHECIMENTO

Agradecimentos

Agradeço ao pai, irmão, amigo, Bezerra de Menezes, que me guia com amor e muita paciência nesta encarnação e, que contiou na minha mediunidade para transmitir essa mensagem de Luz!

Agradeço a minha esposa Cida, meus filhos e ao meu amigo e irmão espiritual Sergio Carvalho pelo apoio e carinho em todos os momentos desta estrada luminosa.

O "bom velhinho"

E eis que, graças ao Bom Pai, nosso amado "Bom Velhinho", o "Apóstolo da Caridade", como é comumente chamado por aqueles que acompanham seu labor, vem, mais uma vez, derramar nas criaturas deste orbe sua imensa vontade de colaborar com os encarnados, a fim de que tenham uma vida mais saudável, em todos os aspectos: espiritual, mental, emocional e material.

Ninguém melhor do que ele para nos falar do amor como instrumento profilático e terapêutico na caminhada do espírito Imortal rumo aos páramos angélicos. Poucos no orbe viveram tão intensamente esse sentimento que representa a própria essência do Criador; poucos dedicaram encarnações inteiras a minorar as dores de seus irmãos, como fez nosso querido companheiro: "Tudo o que fizerdes a um desses pequeninos foi a mim que fizestes".[1]

Bezerra soube acalentar "seus" pequeninos. Só ele dava tudo o que tinha, pegava "sua" cruz e seguia o Mestre, exemplificando em vida a verdadeira caridade dedicada a seus irmãos de caminhada. Nada o impedia de auxiliar seus "doentes" do corpo e da alma, nem a penúria do próprio lar, nem a distância ou a total falta de recursos dos atendidos por sua alma generosa.

Por isso, nosso "Bom Velhinho" vem, com a autoridade do exemplo e da vivência, derramar "migalhas" de seu grande

---
1 Mateus, 25:31-46.

amor pela humanidade, a fim de robustecer nossa fé, demonstrando, ainda, a importância de nos unirmos mais e mais na construção de um mundo fraterno e solidário, em que o Universalismo,[2] como manifestação do amor que cura a sociedade, seja vivido e praticado por todas as religiões, seitas e filosofias existentes no orbe.

Pioneiro da Unificação no amor, já no século XIX, ousadamente propugnou pela união das correntes divergentes dentro do espiritismo, tendo assumido e exercido, durante vários anos, o papel de elemento catalisador e unificador de seus irmãos da Terra.

Falar de Bezerra é uma tarefa luminosa e emocionante, porém não mais que se deliciar com os sublimes ensinamentos que nos deixa nesta singela e humilde obra.

Oxalá aqueles que entrarem em contato com essa luz, que possam fazer dessa "migalha" de amor que nos é deixada um roteiro para uma vida saudável, alegre e esperançosa, tornando-nos verdadeiros arautos do amor, como São Lucas, que, curando os doentes em nome de Jesus, fazia desse sentimento sublime o remédio maior que imortalizou em seu evangelho, vivendo e exemplificando a *cura pelo amor*, para que os homens, ao ver suas obras, glorifiquem o Pai.

Muita paz!
Muita luz!

Hercílio

---

2 "Universalismo não é apenas uma colcha confeccionada com retalhos de todas as religiões e doutrinas espiritualistas, mas o entendimento panorâmico dos costumes, temperamentos e sentimentos religiosos de todos os homens, a convergir em um só objetivo espiritual."Trecho extraído da obra *A Missão do Espiritismo*, transmitida pelo espírito Ramatís por intermédio de Hercílio Maes e publicada pela **EDITORA DO CONHECIMENTO**.

Apresentação
A cura pelo amor

Companheiros universalistas:

Neste momento em que iniciamos uma nova tarefa amorosa, com o objetivo de demonstrar ao mundo, de forma clara e insofismável, o poder e a misericórdia do Criador, que nos faculta uma gama de meios de cura e autocura, chegamos até vós para exortar-vos carinhosamente à união, à solidariedade e à fraternidade.

É necessária e imperiosa essa postura fraterna e amiga entre todos nós, para que as pessoas que vamos alcançar com nossa proposta de luz possam sentir essa união, bem como agregar-se a essa corrente universalista e univérsica que se apresenta como sentido obrigatório para a humanidade seguir nesta hora e alcançar a era de paz por que tanto anseia.

Queridos irmãos, a mediunidade de cura exerce seu papel fundamental no alívio das superlativas dores físicas, mentais e emocionais que carregam as criaturas da Terra, devodo a sua incúria e pelo descaso com as advertências amorosamente deixadas por todos os missionários de luz que Deus enviou para orientar os seres humanos quanto ao verdadeiro sentido da vida.

Como se não bastasse a chegada de tantos e tantos sinalizadores, o Pai enviou um de seus filhos mais experientes nas lides siderais para nos trazer um "tratado de saúde cósmica", e

Jesus, o Divino Médico, há mais de dois mil anos derramou ensinos que, se acatados, podem garantir a qualquer criatura a saúde integral, ou seja, o perfeito equilíbrio psicofísico em sua jornada milenar em busca da felicidade.

Muitos amigos da humanidade exploraram de forma incisiva e objetiva essa faceta da cura, que a criatura humana não deveria desprezar, pois, como dita o velho adágio helênico: *"Mens sana in corpore sano"*.[1]

Dessa maneira, o evangelho deixado pelo Cristo-Jesus, com seu modelo de vida amorosa e equilibrada, ficará para a eternidade, balizando aos seres humanos o caminho da cura definitiva do espírito, acima da realidade transitória da matéria.

Como nos dizem os ensinamentos derramados há milênios, a proposta evangélica deixada pelo Mestre dos mestres sinaliza para todos nós o *caminho* da superação das mazelas cármicas agregadas à constituição psicossomática[2] das criaturas, a *verdade* sobre o que lhe trará o bem e o mal em seus pensamentos, sentimentos e atitudes em relação a Deus, ao próximo e a si mesmo, e, ainda, a *vida* verdadeira, longe das agulhas hipodérmicas e das seringas, livre das dolorosas incisões cirúrgicas a que ainda está sujeita a humanidade, dentro da sábia lei de que "é dando que se recebe" e de que "cada um recebe conforme suas obras", pois a grande realidade atual é que, dentro da roda cármica ou do *"Samsara"*,[3] como quiseres, ainda recebeis o retorno das atitudes antifraternas e antiamorosas que vos

---

[1] "Uma mente sã em um corpo são" é uma famosa citação latina, derivada da Sátira X do poeta Juvenal. A intenção original do autor foi lembrar àqueles, entre os cidadãos romanos, que faziam orações tolas que tudo o que se deveria pedir em uma oração era saúde física e espiritual. Isso pode ser entendido como uma afirmação de que somente um corpo são pode produzir ou sustentar uma mente sã e vice-versa. Seu uso mais generalizado expressa o conceito de um equilíbrio saudável no modo de vida de uma pessoa (nota do médium).
[2] Nome conferido pelo espírito André Luiz ao corpo espiritual ou perispírito, que é aquele que preexiste e que sobrevive ao corpo físico, significando a união de corpo + psico = psíquico, ou seja, "corpo psíquico" ou "corpo astral", como é conhecido esse veículo de manifestação espiritual em diversas abordagens espiritualistas.
[3] Do sânscrito devanagari: perambulação. Pode ser descrito como o fluxo constante de renascimentos através dos mundos. Na maioria das tradições filosóficas da Índia, incluindo o Hinduísmo, o Budismo e o Jainismo, o ciclo de morte e renascimento é encarado como um fato natural, porém, a maioria das tradições vê o Samsara de forma negativa, uma condição a ser superada, a menos que se adquira a verdadeira sabedoria, ou seja, iluminado não se poderá escapar da roda da transmigração ou da Roda da Samsara (Fonte: Dicionário Wikipédia).

acompanham no caminhar pelo mundo terreno.

Notai, meus amigos, que, mais uma vez, precisamos derramar o amor! Notai que esse nosso trabalho em torno da cura também se enquadra perfeitamente na proposta de *unificação no amor*.[4]

Percebei, companheiros de trabalho, companheiros de tantas eras, que, mais uma vez, é o amor que devemos sinalizar para todas as criaturas às quais se dirigirá esse nosso atual empreendimento.

Essa é nossa tarefa, *bandeirantes da luz!* Essa é a tarefa da luz, pois ela representa o conhecimento espiritual, o entendimento da vida e dos caminhos do amor, que levam à felicidade e à saúde física e espiritual; enfim, o caminho que todos deverão seguir um dia, ou seja, o sentido pelo qual caminha o Universo, o sentido altruísta que rege minerais, vegetais, animais, homens, planetas, sóis e galáxias que permeiam o cosmo.

Vejam que, mais uma vez, nossa tarefa se insere na proposta de universalismo, em que vibram ao redor do globo terrestre os amigos da humanidade, encarnados, desencarnados e cósmicos.

Notai, queridos companheiros, que quando se fala em cura espiritual, logo vêm a nossa mente os processos de operações espirituais, como muitos já realizaram no orbe, ou até os processos de cura fluídica, por meio da atuação energética no corpo espiritual, processos de cura homeopática, fitoterápica, alopática, etc.; porém, hoje, neste instante, queremos falar de outro processo de cura: *a cura pelo amor! A cura pela união! A cura pela fraternidade!*

Queremos demonstrar a existência de outro tipo de médium de cura, diferente daquele que costumais rotular como tal.

Não seria o expositor espírita, evangélico, católico, umbandista, rosa-cruz, etc. um médium de cura? Não estariam esses médiuns em suas prédicas, em suas exortações amorosas quanto às atitudes corretas do espírito em sua caminhada cósmica, realizando um processo de cura e, com certeza, a cura mais profunda e definitiva? Não seria a doutrinação objetiva e sub-

---
4 Proposta do Projeto Bandeirantes da Luz na Terra de aproximar as religiões e filosofias em torno do amor, que é apanágio de todas, ou seja, o ponto comum a todos os que trabalham pelo bem da humanidade.

jetiva, trazida aos seres humanos há tantas eras, um dos processos de cura utilizados pelo Pai? Não poderíamos prescrever uma receita *sui generis* para qualquer tipo de mal, como, por exemplo: "duas colheres de perdão", "três gotas de tolerância", "duas medidas de paciência e mansuetude..."? Essa receita não seria o remédio definitivo para o espírito imortal?

Vamos refletir sobre isso, sobre a importância maior, gigantesca e fundamental de trabalharmos a mensagem do amor como o maior processo de cura do Universo!

Irmãos, tenhamos muita cautela para não privilegiarmos a cura do corpo em detrimento da do espírito, pois, nesse caso, poderíamos desvirtuar o objetivo maior de nossa labuta, que é a libertação da alma dos liames escravizantes do egoísmo e do orgulho, que a mantêm chumbada a este plano do "choro e ranger de dentes", no dizer do Profeta.

Demonstremos à humanidade a bondade e a misericórdia do Criador, que coloca à disposição da criatura inumeráveis meios para diminuir suas agruras e seguir em frente, rumo à luz e à felicidade; porém, nunca abandonemos a função esclarecedora das religiões e doutrinas espiritualistas, que vicejam pelo orbe e das quais nos fazemos porta-vozes, neste momento de definições planetárias que a Terra vive.

Sigamos juntos em mais essa empreitada, demonstrando para todos os irmãos de caminhada a beleza e a importância do estudo e a imperiosa necessidade de implantar o compromisso de *unificação no amor,* que fará dos habitantes da Terra seres universalistas e univérsicos, aptos a participar do "banquete de bodas"[5] de que falou Jesus em sua estada carnal.

Bezerra de Menezes

---

5 Mateus, XXII:-4. Nesta parábola, Jesus compara o "Reino dos Céus", onde tudo é felicidade e alegria, a uma festa nupcial. Mas não basta ser convidado; não basta dizer-se cristão, nem tampouco sentar-se à mesa para participar do banquete celeste. É necessário, antes de tudo, e como condição expressa, vestir a túnica nupcial, ou seja, purificar o coração e praticar a lei segundo o espírito... (Fonte: *O Evangelho Segundo o Espiritismo.* 62ª ed. Capítulo XVIII. **EDITORA DO CONHECIMENTO**, Limeira, 2009).

Introdução
A cura

Irmãos queridos, quantos tratados foram escritos, quantas horas foram utilizadas pelos homens para entender acerca dos processos, tidos, muitas vezes, como "misteriosos", que levam a criatura a sofrer nas esferas corporal, mental e espiritual, neste planeta-escola-laboratório-ambulatório?[1] Quantos cérebros brilhantes e quantas mentes idealistas e dedicadas ofereceram suas existências em prol do alívio de seus irmãos de caminhada, que, sofridos, caminhavam e caminham com dor pelas estradas do mundo físico e espiritual?

Falar de cura, explanar sobre seus processos e, principalmente, demonstrar as medidas profiláticas e terapêuticas que devem adotar as criaturas deste planeta em ascensão é tarefa complexa e de muita responsabilidade, que vai ao encontro dos mais íntimos anseios do ser humano, em sua busca pelo gozo, pelo prazer de uma vida isenta de sofrimentos físicos, mentais e emocionais.

Essa tarefa que ora abraçamos deve merecer, por parte de todos nós, muito tato, dedicação e seriedade, pois adentraremos os escaninhos da dor humana, a qual, muitas vezes, leva a criatura a se revoltar contra o Criador, por não conseguir entender os mecanismos cármicos[2] que a levam a vivenciar determinadas

---

[1] Vide capítulo III da obra *O Evangelho Segundo o Espiritismo*, de Allan Kardec, 1ª ed., **EDITORA DO CONHECIMENTO**, em que o autor fala sobre a destinação espiritual do planeta Terra.
[2] Alusão à Lei de Causa e Efeito ou Lei de Ação e Reação, que afirma que, para toda ação tomada pelo homem, ele pode esperar uma reação: se praticou o mal,

situações de acerbo sofrimento.

Cabe a todo aquele que já entendeu, ao menos parcialmente, a função retificadora e educadora da dor humana, e àquele que já principia a compreender a questão fluídica envolvendo a saúde e a doença,[3] tornar-se um porta-voz das elucidações do além para seus irmãos de caminhada.

As obras espíritas e espiritualistas, em geral, procuram sempre sinalizar aos seres humanos o caminho da cura definitiva, ou seja, da cura integral do espírito imortal, e não apenas a retificação da vestimenta carnal transitória, de modo que nossa tarefa atual se reveste de cunho conscientizador importantíssimo.

O mundo atravessa um período crucial, em que, por um lado, a dor se avoluma, as doenças "desconhecidas" proliferam, novos vírus e ultravírus são identificados pela medicina e, por outro lado, o raio laser, o diagnóstico computadorizado, as cirurgias robotizadas e os novos compostos químicos criados aliviam a contundência cármica que a humanidade terrena ainda carrega.

Paralelamente, as medicinas alternativas, os métodos naturais de cura e os cuidados ecológicos também compõem o panorama atual, demonstrando-nos o extremado amor que o Pai devota a seus filhos da Terra no alívio de suas mazelas.

Nossa responsabilidade, queridos irmãos, é encontrar uma fórmula simples e objetiva de divulgar as diversas terapêuticas, que representam um bálsamo divino, curando as chagas físicas e morais das criaturas deste mundo.

Nossa tarefa mor é espargir a mensagem universalista e univérsica que vibra em todos os componentes do Projeto Bandeirantes da Luz na Terra, bem como demonstrar aos nossos irmãos de caminhada o grandioso trabalho de tantas e tantas "mãos de luz", encarnadas, desencarnadas e cósmicas, no alívio das dores dos

---

então receberá de volta um mal, em intensidade equivalente ao mal causado; se praticou o bem, então receberá de volta um bem, em intensidade equivalente ao bem causado, sendo que tais efeitos podem ocorrer em uma mesma encarnação ou em encarnações subsequentes (nota do médium).

3 Para entender melhor a questão fluídica e energética que gera as doenças e os sofrimentos do homem, consultar a obra *Mediunidade de Cura*, transmitida pelo espírito Ramatís, por meio do médium Hercílio Maes, publicada pela **EDITORA DO CONHECIMENTO**.

homens, como catapulta para a criatura modificar sua trajetória, adotando uma conduta crística que lhe trará a saúde definitiva.

Graças te dou a ti, Pai, Senhor do Céu e da Terra, porque escondeste essas coisas aos sábios e entendidos e as revelaste aos simples e pequeninos![4]

Esse ensinamento deixado pelo Divino Médico nos demonstra o tipo de criaturas que nos buscarão: os simples, humildes, ávidos de amor e consolo. Por isso, devemos estudar, em conjunto, uma fórmula para transmitir, de maneira clara e objetiva, os ensinamentos sobre a mediunidade de cura, bem como nossa proposta maior: *a unificação no amor.*

Existe, também, a necessidade premente de nos esforçarmos para desmistificar as curas mediúnicas, levantando o véu do "sobrenatural" que acompanha certos trabalhos de cura existentes no seio da Terceira Revelação. Uma de nossas grandes tarefas, lastreados na lógica e no bom-senso kardequianos, é esclarecer as criaturas quanto à simplicidade e à matematicidade das leis divinas operadas pela espiritualidade em prol dos que sofrem.

Estaremos muito atentos e bastante envolvidos com todos, nessa tarefa que nos pede o Cristo-Jesus, lembrando que mãe Maria também atua e atuará fortemente nesta Egrégora[5] que se forma, pois essa proposta deve ser espargida cada vez mais nas mentes e nos corações de todos os seres de boa vontade que habitam este planeta em transformação.

Paz em Jesus!

Bezerra de Menezes

---

[4] Mateus XI: 25.
[5] Termo proveniente do grego egrégoroi, que designa a força gerada pelo somatório de energias físicas, emocionais e mentais de duas ou mais pessoas, quando se reúnem com qualquer finalidade. Todos os agrupamentos humanos possuem suas egrégoras características. Quando várias pessoas têm um objetivo comum, sua energia se agrupa e se "arranja" numa egrégora (Fonte: Enciclopédia Wikipédia).

1

Amados amigos:
É possível a cura de mazelas físicas, mentais e emocionais por intermédio de um puro sentimento de amor? Será que poderia uma corrente de luz colorida, projetada por um coração bondoso, amigo e carinhoso, operar a reconstituição de células físicas e parafísicas, a ponto de reestruturar tecidos ou até órgãos comprometidos por moléstias adquiridas pelas criaturas?

Poderia a união de inumeráveis mentes e corações, vibrando em uníssono com o Cristo Planetário[1] do orbe, tecer uma malha de luz com propriedades profiláticas e até terapêuticas, capaz de alicerçar um trabalho de cura física e espiritual, com vistas a amparar a humanidade, nesse instante de dificuldades acerbas por que passam os seres humanos do planeta Terra?

Até que ponto os seres humanos do orbe poderiam receber o auxílio de criaturas mais evoluídas de outros mundos, trazendo aparelhagem sofisticadíssima para nossos padrões atuais, sem desvirtuar o sentido amoroso desse ofertório e sem utilizar os conhecimentos açambarcados nessa permuta para fins egocêntricos e até bélicos?

---
1 Logos ou Cristos Planetários: entidades que compõem a consciência diretora de cada planeta. Encontram-se, na escala evolutiva, além de qualquer possibilidade de encarnação em um corpo físico do tipo humano. Vide capítulo 5, Jesus de Nazaré e o Cristo Planetário, da obra *O Sublime Peregrino*, e capítulo 17, "Os engenheiros siderais e o plano da criação", da obra *Mensagens do Astral*, ambas transmitidas pelo espírito Ramatís, por intermédio do médium Hercílio Maes, publicadas pela **EDITORA DO CONHECIMENTO**.

Qual seria a validade de uma disseminação indiscriminada de técnicas avançadas de cura física, mental e emocional utilizadas nos planos superiores, suprimindo o aprendizado necessário para a criatura valorizar a saúde e ativar-se com bastante força de vontade na busca de sua reforma interior?

Como poderiam os espíritas e espiritualistas colaborar, de forma eficaz e profunda, na modificação dos hábitos pervertidos que ainda escravizam as criaturas a uma sequência infindável de doenças e tratamentos traumáticos, tais como cigarro, bebida, droga, alimentação carnívora e paixões desordenadas?

De que forma o Projeto Bandeirantes da Luz na Terra pode conduzir sua atuação, nessa hora profética, colaborando com o saneamento psíquico e físico do globo e de sua humanidade, proporcionando aos espiritualistas e também aos céticos uma visão global sobre a misericórdia divina e o infindável amor que o Pai nutre por seus filhos?

Irmãos amados, esses e tantos outros questionamentos vêm à tona sempre que nos propomos a esclarecer as pessoas acerca dos variados processos de cura que o Pai coloca à disposição de seus filhos, no grande "ambulatório terráqueo".[2] São tantas as dúvidas e tamanha a desinformação que campeiam pelos meios médicos e até espiritualistas, quanto a essa matéria, que nos sentimos no sagrado dever de trazer a todos os companheiros de senda as elucidações que nosso entendimento atual nos permite dividir com os seres de boa vontade, com os "buscadores", que lutam por um mundo melhor.

Não temos a pretensão de esgotar o assunto, o que seria impossível, dada a magnitude do amor divino, que derrama infindáveis opções para o reequilíbrio do ser, em sua subida pela simbólica "escada de Jacó",[3] rumo à perfeição e à felicidade, destino final de toda criatura que habita o cosmo. Nosso humilde escopo, com essas linhas que agora trazemos para

---

2 Vide capítulo 3 da obra *O Evangelho Segundo o Espiritismo*, de Allan Kardec, itens 6 e 7:"Destino da Terra e causas das misérias humanas".
3 Patriarca hebreu cuja história encontra-se em *Gênesis*, na Bíblia. Certa feita, adormeceu em Betel e teve um sonho, em que vislumbrava uma escada que ia até o Céu, por onde os anjos subiam e desciam, simbolizando a evolução espiritual dos seres humanos e a solidariedade cósmica entre os mais evoluídos (anjos) e os menos (seres humanos), uma vez que os anjos "sobem" (evoluem), mas também "descem" para ajudar os humanos (nota do médium).

nossos companheiros da Terra, a quem tanto amamos e por quem tanto lutamos, visa apenas e tão somente a desnudar a importância do amor como profilaxia e terapêutica de todas as doenças do corpo e do espírito.

Viajaremos juntos, com a permissão do comando supremo do planeta Terra, nosso Cristo Planetário, por entre os meandros do amor, em sua simples manifestação como energia e luz, demonstrando a força das partículas fotônicas[4] liberadas pela "luz interior" das criaturas, na higienização e cauterização de qualquer degeneração celular. A esperança deve nutrir todos os seres humanos, pela certeza de que, em breve, não haverá mais tantas dores físicas, mentais e emocionais, como no momento atual, neste mundo.

Rejubilemo-nos com a certeza de que são chegados os tempos em que se operará a transformação da humanidade! Rejubilemo-nos com a confiança de que está em nossas mãos vivenciarmos o amor com a pureza e simplicidade ensinadas por Jesus, o divino terapeuta, e assim colaborarmos com o saneamento físico e espiritual do globo terráqueo.

Enfim, rejubilemo-nos em saber que estamos todos unidos, encarnados, desencarnados e cósmicos, ou seja, irmãos de outros orbes mais evolvidos, que nos trazem a colaboração daqueles que retornam ao início da estrada para auxiliar os irmãos caídos, dentro da eterna e maravilhosa cadência que rege todos os universos: a unificação no amor!

Luz e amor, muito amor, para curar todos os males e todos os necessitados do orbe, é o que vibramos todos nós, os amigos invisíveis da humanidade terrena.

Paz em Jesus!

Bezerra de Menezes

---

4 São partículas elementares mediadoras da força eletromagnética, também são o quantum da radiação eletromagnética. Quando uma molécula absorve um fóton, sua energia aumenta em uma quantidade igual à da energia do fóton. A molécula entra, então, em um estado excitado. (Fonte: Enciclopédia Wikipédia)

2

Amigos e irmãos:

Podemos considerar, de forma simbólica, o planeta Terra como um imenso corpo, em que cada um dos elementos que o compõem os homens, os animais, os vegetais e os minerais, são células de um grande organismo, com seus órgãos representados por comunidades humanas, raças de animais, tipos de vegetais e diversas espécies de minerais. Com um pouco de bom-senso, por meio do conhecimento das Leis Maiores que regem o cosmo, podemos notar que todos esses elementos são ligados por um fio invisível chamado amor.

Em verdade, dentro das cadeias energéticas que interligam os diversos reinos da natureza, existe uma interdependência nas trocas químicas entre os diversos componentes desse "organismo vivo" e, obviamente, na cadeia alimentar que o mantém com vitalidade. Tal interação amorosa inicia-se nos minerais, passando pelos vegetais e animais e culminando por oferecer ao ser humano o combustível necessário para sua estada na matéria e mesmo nos planos astrais. O processo se fecha, continuando a interdependência com o ser humano, que, ao deixar a carcaça física no desencarne, alimenta os microorganismos que darão sequência à cadeia da vida engendrada pelo Criador dos mundos.

Esse é o ritmo amoroso e altruístico no qual apenas o ser

humano ainda não se enquadra harmonicamente, em virtude de sua ignorância em relação ao verdadeiro papel que deve desempenhar neste amoroso contexto, que o leva a uma exagerada paixão por si mesmo,[1] em detrimento do todo. Constitui-se, dessa forma, como verdadeira célula, ainda não ajustada, que vai influindo de maneira imprópria nas células adjacentes e nos "órgãos" do "corpo-Terra", representados pelos agrupamentos minerais, vegetais, animais e humanos neste caso, desde a família até a sociedade.

Podemos avaliar essa atuação do "rei da criação", ou seja, o ser humano como uma participação ainda incorreta em relação ao ritmo amoroso que governa o conjunto planetário e que acaba por provocar desequilíbrio em todo ele. O ser humano trata sem o carinho necessário e indispensável o reino animal, descaracterizando as raças e produzindo vírus e doenças desconhecidas, como noticia a imprensa planetária. Em sua ação equivocada em relação ao todo, o homem também deixa de preservar as florestas, corrompendo o "aparelho respiratório" do "organismo-Terra", impedindo a oxigenação perfeita do orbe, que desequilibra o processo de fotossíntese, provocando efeitos insalubres em toda a atmosfera e desequilíbrio no reino vegetal, que lhe serve de suporte para a vida na Terra.

Também o reino mineral sofre o efeito da falta de amor que acomete a humanidade, e o relevo é descaracterizado para finalidades meramente econômico-financeiras, inclusive em decorrência da especulação imobiliária, trazendo a erosão e o desequilíbrio magnético das correntes energéticas que circulam pelo globo, dando azo aos terremotos, maremotos, secas e outras ocorrências símiles que poderiam ser evitadas pelas criaturas do orbe, em prol do "organismo" como um todo.

Assim, o planeta, de forma geral, e, particularmente, os seres humanos necessitam desse trabalho importantíssimo de amor; porém, não somente visto de forma restritiva, apenas em relação ao homem, mas abrangendo todo o ecossistema e os vários fatores que se interpenetram energeticamente dentro da

---

[1] Vide capítulo 12, parte terceira de "O egoísmo", perguntas de 913 a 917, e comentários da obra *O Livro dos Espíritos*, de Allan Kardec, em sua 1ª edição, publicada pela Petit Editora.

convivência planetária. É preciso que o ser humano comece a adotar uma visão holística da realidade planetária e entenda, de uma vez por todas, que sua felicidade depende do equilíbrio e da harmonia do conjunto, pelos quais lhe compete trabalhar, em benefício próprio e de todos que ama. Como espécie dominante, deve o ser humano, neste momento importante de sua evolução, refletir sobre essa "doença planetária" chamada *egoísmo,* que acaba por influir decisivamente no desajuste de todos os reinos da natureza, e adotar atitudes altruístas, não apenas em relação à sua espécie, mas também em relação a tudo e a todos que compõem esta morada planetária.

Somente superando o egoísmo, esse sentimento paralisante que tanto mal traz a todos, é que as criaturas humanas poderão começar a sanear todo o "organismo", ajustando o intercâmbio de amor entre todos os componentes da mãe Terra, que lhes retribuirá com uma condição bem mais amena de vida. Devolverá como benesses e harmonia o amor ofertado pelo ser humano por toda a Criação Divina que viaja em seu bojo Universo afora, cumprindo os desígnios do Pai.

Dessa forma, irmãos queridos, avulta, cada vez mais, a necessidade de trabalharmos o sentimento de amor das criaturas da Terra. Por isso, torna-se imperiosa a tarefa de *unificação no amor*, que fará de todos os seres de boa-vontade, independentemente da crença ou filosofia que professem, pólos irradiantes de luz e de bondade para com o planeta e todos os seus variados "órgãos", sanando o desequilíbrio existente neste mundo tão lindo, que o Criador designou para muitos de seus filhos estagiarem como bendita escola cósmica, na busca por felicidade.

Unamo-nos nessa tarefa importante de modificar nosso interior, extirpando para sempre o monstro do egoísmo, para que possamos, finalmente, compreender o papel que devemos desempenhar no cosmo, amparando os irmãos menores de todos os "reinos-órgãos" da Natureza e fechando, assim, o circuito de forças responsáveis pela manutenção e pelo aprimoramento da vida em todos os seus aspectos, proporcionando, a todas as criaturas que habitam o orbe, o clima físico e psíquico ideal para uma convivência mais amena e isenta das dolorosas enfermidades que afetam o planeta, seus "órgãos" e "células".

Essa é uma tarefa individual e, ao mesmo tempo, coletiva, uma vez que jamais poderemos descurar do grandioso ensinamento deixado pelo Rabi da Galileia de que: "Somente o amor salvará o homem".[2] Que a luz divina possa fortalecer os passos de todo aquele que, interiormente, assumir a tarefa de propagar a mensagem sobre a cura planetária lastreada no amor, a qual, desde as mais remotas eras, vem sendo solicitada a todos nós, pelos amigos da humanidade que estagiaram no plano denso, em missões de caridade, nas mais diversas épocas e latitudes planetárias.

Paz em Jesus!

Bezerra de Menezes

---

[2] "Mas quando vier o Filho do Homem na sua majestade e todos os anjos com ele, então se assentará sobre o trono de sua majestade; e serão todas as gentes congregadas diante dele, e separará uns dos outros, como o pastor que aparta dos cabritos as ovelhas; e assim porá as ovelhas à direita, e os cabritos à esquerda; então dirá o rei aos que hão de estar à sua direita: 'Vinde, benditos de meu Pai, possui o reino que vos está preparado desde o princípio do mundo; porque tive fome, e me destes de comer; tive sede, e me destes de beber; era hóspede, e me recolhestes; estava nu, e me cobristes; estava enfermo, e me visitastes; estava no cárcere, e vistes ver-me'. Então lhe responderão os justos, dizendo: 'Senhor, quando é que nós te vimos faminto e te demos de comer; e sequioso, e te demos de beber? E quando te vimos hóspede e te recolhemos; ou nu e te vestimos? Ou quando te vimos enfermo, ou no cárcere, e te fomos ver?'. E respondendo o rei, lhes dirá: 'Na verdade vos digo que, quantas vezes vós fizestes isso a um desses meus irmãos mais pequeninos, a mim é que fizestes'. Então dirá também aos que hão de estar à esquerda: 'Apartai-vos de mim, malditos, para o fogo eterno que está aparelhado para o diabo e para os seus anjos; porque tive fome, e não me destes de comer; tive sede, e não me destes de beber; era hóspede, e não me recolheste; estava nu, e não me cobriste; estava enfermo no cárcere, e não me visitastes'. Então eles também lhe responderão dizendo: 'Senhor, quando é que nós te vimos faminto, ou sequioso, ou hóspede, ou nu, ou enfermo, ou no cárcere, e deixamos de te assistir?'. Então lhes responderá ele, dizendo: 'Na verdade, vos digo que, quantas vezes o deixastes de fazer a um destes mais pequeninos, a mim o deixastes de fazer. E irão estes para o suplício eterno, e os justos para a vida eterna'" (Mateus XXV: 31-46).

3

O amor é a força mais poderosa do Universo!

É o amor, esse sentimento divino e humano, que haverá de constituir-se na terapêutica certeira e infalível para instalar sobre a superfície do orbe uma vida sadia para todos os seus habitantes, livre das doenças físicas, mentais e emocionais que atormentam a humanidade há tantos e tantos milênios.

Somente essa força invencível, essa luz divina, pode conduzir as criaturas da Terra ao patamar de mundo regenerador, que anunciam as *vozes do Céu*,[1] por meio de uma multidão de intermediários, que têm por escopo advertir os seres humanos sobre o momento decisivo que vive a humanidade. Essas advertências constituem atos de amor do Criador por suas criaturas, para que muitos possam apressar a "cura" e livrar-se da terapêutica contundente que haverão de enfrentar aqueles exilados para um orbe inferior, quando da profética seleção[2] do "joio e do trigo" ou "da direita e da esquerda" do Cristo, já em curso na hora que vivemos.

Ante a força do amor, emanação primeva da própria divindade,[3] haverão de ruir todas as forças contrárias que ainda

---
[1] Alusão aos espíritos desencarnados que auxiliam a humanidade por meio de ensinamentos trazidos por médiuns e divulgados em livros, palestras, seminários, congressos etc.
[2] Sobre a seleção da "direita" e da "esquerda", dos "lobos" e das "ovelhas", vide capítulo 13 da obra **Mensagens do Astral**, transmitida pelo espírito Ramatís ao médium Hercílio Maes, publicada pela **EDITORA DO CONHECIMENTO**.
[3] Segundo São João Evangelista: "Deus é amor!" (I Epístola de João, 3: 7-21).

atuam no planeta e ainda trazem aos seres humanos as dolorosas doenças do corpo e da alma, derivadas de seus equívocos, pelo desconhecimento dos princípios básicos que regem o cosmo. Ante a luz profilática e purificadora do amor, haverão de dissolver-se todas as toxinas psíquicas aderidas à contextura psicossomática das criaturas e que ainda as levam à retificação cármica indispensável para seu soerguimento espiritual.

Por isso, irmãos, urge que todos os seres de boa vontade unam-se de um lado a outro deste orbe em ascensão, para espargir a lição do amor para todos os irmãos de caminhada, encarnados e desencarnados. É importante entendermos que essa lição deve ser derramada por meio do exemplo, da vivência dos preceitos morais deixados pelo Cristo Jesus e por tantos outros instrutores espirituais, como "receita para todos os males".

Somente assim, mediante o esforço concentrado de todos os homens de boa vontade, que entendem a necessidade da *unificação no amor* poderá, em breve, estar instalada na Terra a verdadeira fraternidade, amenizando a carga cármica dos terráqueos e proporcionando um clima mais ameno à nova humanidade que habitará esta morada planetária na Era de Aquário, livre das moléstias que ainda os acicatam.

A carga cármica negativa será amenizada, tendo em vista que os seres humanos, vivenciando o amor e se libertando, pelo menos em parte, de seus vícios, passarão a vibrar boas energias que, além de não mais acumularem resíduos tóxicos em seu perispírito, ainda operarão uma verdadeira limpeza de seu veículo astral, libertando as criaturas das doenças oriundas das energias deletérias que acumulam nos momentos de "pecado", ou seja, de atitudes contrárias à lei maior que rege o cosmo: o amor![4]

Por isso, não devemos poupar esforços em buscar nossa reforma interior. Somente melhorando nossa "casa mental" e, concomitantemente, direcionando de forma positiva e amorosa nossos pensamentos, sentimentos e ações, estaremos nos resguardando de novos sofrimentos retificadores e ainda poderemos colaborar com nossos irmãos de estrada cósmica, dentro

---

[4] "O amor 'cobre' a multidão de males!" (São Pedro, I Espístola, 4: 8).

do dever que nos cabe de amparar os que conosco seguem na busca da felicidade.

Comecemos desde já a entender essa grande verdade, ou seja, de que está apenas em nós a cura de todos os males, destruindo a maior causa de doenças físicas e espirituais que atacam a humanidade: *a falta de amor!*

Essa pode parecer uma assertiva piegas para muitos. Os céticos e os materialistas poderão rir dessa nossa afirmação, porém asseguramos que, em breve, a medicina terrena, com o avanço da física quântica e dos aparelhamentos de diagnóstico e varredura energética que serão inventados, alcançará a dimensão extrafísica e o consequente diagnóstico do "corpo astral" e das energias que o compõem, possibilitando, assim, o entendimento geral sobre a realidade que ora estudamos apenas dentro dos círculos espiritualistas do globo: "Conhecereis e verdade, e a verdade vos libertará".[5]

Essa frase de Jesus, aliás, como todos os seus ensinamentos, pode ser perfeitamente utilizada para o presente estudo, pois, assim que os homens entenderem sua responsabilidade no pensar, no sentir e no agir, em relação a si mesmos, aos seus irmãos de caminhada e ao próprio planeta que habitam, com certeza modificarão os atuais paradigmas que elegem o egoísmo e o orgulho como características psicológicas dominantes no orbe e que tantos prejuízos trazem aos seus próprios cultores, por se constituírem como movimentação energética contrária ao sentido altruístico que rege o Universo.

A tarefa de todos aqueles que principiam a compreender *a força do amor*, a luz que emana de uma boa ação, a energia purificada que é projetada pelo ser em momentos de união, paz, solidariedade, perdão, paciência, caridade, enfim, a psicosfera pura e diáfana que acompanha o ser nos momentos em que vibra o amor, é grandiosa, importantíssima. Cabe a todos os seres humanos a tarefa de sanear, por meio do amor, este lindo planeta azul, destinado a servir de morada para espíritos bem mais unidos e pacíficos do que os que ora a utilizam como bendita escola de vida.

Sigamos nessa semeadura, primeiramente liberando o

---
5 João 8: 32.

amor latente em todos nós, plantado pelo Criador em nosso íntimo, no momento de nossa criação, e, depois, a exemplo de Jesus, derramando essa energia libertadora nos atos mais simples de nossa vida diária, no convívio com nossos familiares, com nossos companheiros de trabalho e com nossos companheiros na sociedade, tornando-nos, assim, verdadeiros *arautos do amor*.

Que a mãe do mundo, nossa mãe Maria, nos abençoe e ampare nesta tarefa de construir um planeta mais feliz.

Paz em Jesus!

Bezerra de Menezes

4

Amigos queridos:

É muito bom estarmos unidos nesta tarefa de transformação planetária pelo amor, dando continuidade ao ideal libertador pregado por tantos e tantos legionários do bem, verdadeiros "bandeirantes da luz", que abriram caminho para que, agora, nesta virada de ciclo planetário,[1] possamos trazer ao homem uma visão sobre sua imortalidade e acerca de seu papel no Universo.

O ser humano precisa entender, urgentemente, que a cura de seus males não está fundamentada no auxílio externo que possa receber de seus irmãos de jornada, encarnados, desencarnados ou cósmicos, mas, sim, na quantidade e qualidade de amor que consiga movimentar em prol de si mesmo e de seus companheiros caídos na estrada, pois "é dando que se recebe", como determina a lei maior que rege o cosmo, a qual "dá a cada um conforme suas obras", como dita o inesquecível ensinamento do pelo Mestre Jesus de Nazaré.

---

1 "Trata-se de ciclos periódicos, previstos pelos mentores siderais, bilhões de anos antes do vosso calendário, reguladores de modificações planetárias que se sucederão em concomitância com alterações que também deverão ocorrer com os habitantes do vosso orbe. São 'fins de tempos' que, além das seleções previstas para as humanidades físicas ou para os desencarnados adjacentes aos respectivos orbes, requerem também a limpeza psíquica do ambiente, a fim de que seja neles eliminado o conteúdo mental denegrido das paixões descontroladas" (trecho extraído do capítulo 1, Os tempos são chegados, da obra **Mensagens do Astral**, transmitida pelo espírito Ramatís ao médium Hercílio Maes, publicada pela **EDITORA DO CONHECIMENTO**.

As criaturas da Terra devem se compenetrar de que, como asseverava Pedro: "O amor cobre a multidão de males", tanto físicos e mentais como emocionais, que afligem os seres humanos em sua caminhada pelas várias existências. Somente o amor, essa energia latente e inerente a todas as criaturas do Universo, tem capacidade de libertar a criatura de suas "doenças", por constituir energia profilática capaz de higienizar, poderosamente, a constituição psicossomática dos indivíduos.

Ocorre que, para compreender a importância de adotar as posturas comportamentais evangélicas aconselhadas por Jesus devemos, primeiramente, entender que, como "cocriadores", como filhos incumbidos de manifestar o poder do Criador pela eternidade, todos os seres humanos têm, dentro de si, uma fonte inesgotável da energia divina amor. Quando liberada, ela sobrepõe-se a qualquer miasma ou energia desequilibrante que possa envolvê-los em decorrência de momentos em que, imprudente e inadvertidamente, manipulam fluidos grosseiros e deletérios produzidos por suas atitudes antiamorosas.[2]

Quando o apóstolo enunciou a força libertadora do amor, quis nos alertar justamente sobre a importância de cultuarmos o bem, as atitudes altruísticas, a fé que remove montanhas; enfim, de adotarmos o modelo de vida evangélico, modificando os paradigmas até então erigidos pelo egoísmo e pelo orgulho, que tantas moléstias do corpo e da alma ainda carreiam ao ser humano da Terra.

Por isso, queridos amigos, estamos, neste momento, trazendo este amoroso apelo, para que nos tornemos nossos próprios médicos, nossos próprios enfermeiros, colaborando com bons pensamentos e com atitudes retas e amorosas para sanear nossa vida por meio do amor. Já é tempo de o ser humano assumir o controle de sua evolução, principalmente em matéria

---

2 "...quando o homem 'peca', ele aciona pensamentos e emoções de baixa frequência vibratória e impregnados do magnetismo denso e agressivo das subcamadas do mundo oculto. Depois que tal energia inferior filtra-se pela mente alterada ou flui pelo corpo astral perturbado, ela assume um aspecto mórbido ou constitui-se em uma combinação 'quimiofluídica' tóxica e ofensiva ao perispírito do homem" (trecho extraído do capítulo 3, Novos aspectos da saúde e das enfermidades, da obra *Mediunidade de Cura*, transmitida pelo espírito Ramatís, por intermédio do médium Hercílio Maes, publicada pela **EDITORA DO CONHECIMENTO**.)

de cura.[3] Já é hora de as criaturas entenderem que sua saúde e sua doença estão intimamente ligadas às suas atitudes e aos sentimentos para consigo mesmo e para com seu próximo.

Ora, amigos amados, o que é a treva, senão a ausência de luz? E o que é a doença, senão a ausência de amor, que adoece o ser, levando-o a desequilibrar-se energeticamente, deixando seu perispírito sobrecarregado de energias deletérias, as quais, em decorrência do contato molecular com o corpo denso, acabam por "baixar" até o corpo físico, trazendo as doenças, que há milênios vêm sendo combatidas apenas em seus efeitos, sem considerar a realidade transcendental de que, quando a doença emerge no corpo de carne, há muito tempo ela já fincou raízes na estrutura psicossomática imortal?

É por esse motivo que vos exortamos à *cura pelo amor*, e que a espiritualidade amiga tem indicado aos seres humanos os compêndios religiosos e filosóficos trazidos por todos os grandes Avatares[4] que vieram a este orbe como verdadeiros manuais de saúde física, mental e emocional. Não é por outro motivo que a escola helênica[5] prognosticava a saúde do corpo como oriunda de uma mente sadia, ou seja, de um espírito sadio.

Vamos nos esforçar para cultivar uma nova postura energética perante a vida, buscando nos recordar dessa grande responsabilidade que temos diante de nossa felicidade, cuidando da maquinaria física e perispiritual que Deus nos legou como bendita oportunidade de ascensão aos planos mais evolvidos, em que nos espera a felicidade. Jamais conseguiremos galgar patamares mais evoluídos com nossa "túnica nupcial" manchada por fluidos deletérios oriundos de atitudes antiamorosas, pois, como asseverou o Mestre, não teremos condições fluídicas de nos sustentar em atmosferas espirituais rarefeitas, sem antes nos purificar por meio da luz do amor.

---
3 "Venho concitar-vos a que vos arvoreis em patronos de vosso próprio progresso espiritual. Não espereis que ele vos venha de fora. Se em vós mesmos não crerdes, quem o fará por vós? (trecho extraído da obra *Evangelho, Psicologia e Ioga*, transmitida pelo espírito Ramatís, por intermédio da médium América Paoliello Marques, editada pela Freitas Bastos Editora).
4 Termo derivado do sânscrito Avatara, ou seja, "aquele que descende de Deus". No presente caso, refere-se aos grandes seres, os luminares que, em todas as épocas, encarnaram na Terra para auxiliar os seres humanos (nota do médium).
5 Alusão ao aforismo "mens sana in corpore sano", oriundo da antiga Grécia, como anteriormente explicado.

Cultivemos o bem, façamos da caridade a mola propulsora de nossa cura definitiva; tenhamos mais paciência perante as adversidades e perante os adversos; oremos por aqueles que nos perseguem e caluniam; perdoemos setenta vezes sete vezes; sejamos simples e humildes.

Agradeçamos ao Criador, diuturnamente, pelas benesses que nos concede na estrada de vida e, dessa forma, estaremos apressando nosso processo de cura e equilíbrio e nos preparando para outros desideratos que nos aguardam em planos superiores, onde inexistem doenças de qualquer tipo.

Saibamos que, nessa empreitada, contaremos com o amparo de uma multidão de amigos "do lado de cá", que estarão sempre nos ajudando, mas que não podem executar a tarefa que nos compete, pois cada um tem de sanear sua casa interior, os "templos de Deus", ou seja, os corpos que nos são concedidos para nosso aprendizado e iluminação e também de todos os que nos acompanham, nesta epopeia cósmica.

Lembremo-nos sempre da amorosa advertência deixada pela espiritualidade maior, na obra universalista *O Evangelho Segundo o Espiritismo*, quando Allan Kardec sensatamente ponderou sobre a interdependência entre corpo e espírito,[6] mostrando-nos que temos a responsabilidade sagrada de cuidar de ambos, uma vez que qualquer desequilíbrio em um ou em outro nos impede de auferir a felicidade para a qual fomos criados pelo Amantíssimo.

Paz em Jesus!

Bezerra de Menezes

---

6 Item 11 do capítulo XVII, Cuidar do corpo e do espírito.

5

Queridos e abençoados médiuns:

Irmãos abnegados que atuam na bendita seara cristã, sois os obreiros da última hora,[1] chegados à vinha exatamente no momento determinado pelas esferas superiores, para o derramamento do espírito santo[2] à humanidade da Terra. Aproveitai bem esta oportunidade ímpar que se abre para todos vós no exercício da mediunidade com Jesus, em prol de vossa evolução e de vossos irmãos de jornada evolutiva.

Sempre defendemos o conceito de que:

> Um médico não tem o direito de terminar uma refeição, nem de escolher a hora, nem de perguntar se é longe ou perto, quando um aflito lhe bate à porta. O que não acode por estar com visitas, por ter trabalhado muito e achar-se fatigado, ou por ser alta noite, mau o caminho ou o tempo, ficar longe ou no morro; o que, sobretudo, pede um carro a quem não tem com que pagar a receita, ou diz a quem lhe chora à porta que procure outro, esse não é médico, é negociante da medicina, que trabalha para recolher capital

---

[1] Mateus, XX: 1-16.
[2] Diz o Senhor: "E acontecerá que nos últimos dias que eu derramarei do meu espírito sobre toda a carne, e profetizarão os vossos filhos, e vossas filhas, e os vossos mancebos verão visões, e os vossos anciãos verão sonhos. E certamente naqueles dias derramarei do meu espírito sobre os meus servos e sobre minhas servas, e profetizarão" (Atos, II: 17-18). Alusão ao derramamento da mediunidade entre os homens, que ocorre no presente momento da evolução humana (nota do médium).

e juros dos gastos da formatura. Esse é um desgraçado, que manda para outro o anjo da caridade que lhe veio fazer uma visita e lhe trazia a única espórtula que podia saciar a sede de riqueza de seu espírito, a única que jamais se perderá nos vaivens da vida.[3]

Pois bem, hoje, labutando incansavelmente nas fileiras da doutrina espírita, quero vos dizer, com muito carinho, que tal assertiva também se aplica ao medianeiro da espiritualidade maior, em serviço na carne. Ele não é, também, um médico de Deus, intermediando as "receitas" ditadas pelos irmãos destituídos de corpo físico, objetivando curar os seres humanos das doenças morais que acabam por espocar no corpo denso, como comprova cada vez mais a medicina psicossomática?[4]

Médiuns, criaturas de Deus que tanta responsabilidade carregais nos ombros, também deveis abraçar com santidade o sacerdócio que vos foi legado pelo Criador dos mundos. Vosso "juramento de Hipócrates"[5] para com a tarefa de esclarecimento da humanidade necessita ser exercido com santidade, sem remuneração, qualquer que seja, com desprendimento e dedicação, pois foi esse o luminoso compromisso que aceitastes antes de descer ao plano denso para lutar por vossa cura e a de vossos companheiros de jornada terrena.

Há quantos milênios estamos desprezando o divino chamado? Há quantos milênios estamos adiando nossa colaboração na evolução planetária?

O "talento" da mediunidade não deve ser enterrado, como ocorreu na parábola ditada por Jesus Cristo, mas sim utilizado na construção de um mundo melhor, pois esta é a função precípua do fenômeno mediúnico no Universo: servir de norte para as criaturas, revelando-lhes os caminhos corretos a seguir, na busca pela "cura definitiva" e, consequentemente, pela felicidade, que é o objetivo maior de todos os seres que povoam as

---
3 Extraído da obra *Lindos Casos de Bezerra de Menezes*, de Ramiro Gama, publicada pela Editora Lake.
4 Medicina psicossomática é o ramo que estuda os efeitos físicos derivados de problemas psicológicos dos pacientes (nota do médium).
5 O juramento de Hipócrates é uma declaração solene tradicionalmente feita por médicos por ocasião de sua formatura. Acredita-se que o texto é de autoria de Hipócrates ou de um de seus discípulos. Consiste no compromisso de curar e defender a vida e a saúde de seus pacientes (Fonte: Enciclopédia Wikipédia).

diversas moradas da casa do Pai.

Mediunidade significa percepção, faculdade hipersensibilizada em alguns, que serve de contato interdimensional,[6] estando o médium, porém, na posição da pessoa que abre a porta de sua "casa" e, por meio de hábitos e atitudes adotados no interior de sua "casa mental", elege os visitantes que adentrarão em sua constituição psíquica e o tipo de atividade que lhe propiciará essa posição de medianeiro do além-túmulo.

O compromisso primeiro de todo médium é para consigo mesmo, ou seja, a busca de sua reforma interior, que atrairá apenas luminosos "convidados" para sua moradia; ou estará sujeito a receber "convidados indesejáveis". Estes dificultarão sobremaneira o exercício proveitoso da faculdade que precisa ser bem administrada e educada, para servir ao objetivo maior de colaborar com o Cristo no aperfeiçoamento da humanidade.

Sois, portanto, verdadeiros médicos e enfermeiros, primeiramente em causa própria, como precisa entender todo aquele que aceitou o "mandato mediúnico" de que fala o irmão André Luiz,[7] sendo, assim, imprescindível que labuteis incansavelmente em vossa autocura por meio do amor, o que vos pedimos humildemente.

Atingida a consciência dessa tarefa sagrada que lhes foi confiada, poderão os médiuns, disseminados em todas as religiões e crenças do planeta – pois a mediunidade não é e nunca foi privilégio do espiritismo –, atuar com muito mais eficácia no trabalho impostergável da *cura pelo amor*, levando a seus irmãos de caminhada palavras de conforto, instruções e programas de vivência lastreados nos vários códigos morais que existem no planeta.

Neste particular, é sempre bom demonstrar aos médiuns e a todos os seres humanos, a excelência do evangelho de Jesus como tratado universal da saúde do espírito, que pode trazer à mediunidade o lastro moral e, consequentemente, espiritual para curar as chagas físicas e morais dos seres humanos da Terra.

---
6 Vide a obra *O Livro dos Médiuns*, de Allan Kardec.
7 Capítulo 16 da obra *Nos Domínios da Mediunidade*, transmitida pelo espírito André Luiz ao médium Francisco Cândido Xavier e publicada pela Editora Federação Espírita Brasileira.

Como já explicado por outros irmãos, Jesus, como médico de almas, deixou para todos os tempos o roteiro seguro para a cura dos homens: "Bem aventurados os mansos e pacíficos..."; "Bem aventurados os puros de coração..."; "Perdoa setenta vezes sete vezes..."; "Ama a teu próximo como a ti mesmo...", e tantas outras recomendações deixadas por Ele, são verdadeiras "receitas" aviadas para quaisquer tipos de males, cabendo aos médiuns, como intérpretes da espiritualidade maior, divulgar com carinho, amor e muita dedicação a terapêutica evangélica, nesta hora de dores acerbas que a humanidade vive.

Portanto, irmãos queridos, médiuns a serviço da luz, trabalhemos juntos para fazer deste orbe um lugar de união e paz, um planeta sem tantas moléstias do corpo e do espírito. Esforcemo-nos para dignificar o mandato que nos foi outorgado pelo Criador. Façamos da mediunidade um instrumento de cura a serviço da humanidade. Utilizemos essa faculdade maravilhosa que o Pai nos deu para aliviar as dores de nossos irmãos e, principalmente, para esclarecê-los quanto à possibilidade de autocura por meio do amor.

Vivamos, no dia a dia, as lições que transmitimos aos homens. Apliquemos em nossas vidas, primeiramente, os conselhos recebidos da espiritualidade e, assim, seremos exemplos vivos dos processos de cura pelo amor existentes no cosmo, os quais nos cabe levar aos nossos irmãos. Tarefa luminosa, ante a qual nossos prazeres efêmeros e nossas ocupações fúteis precisam ser colocados em segundo plano, em prol do sucesso dessa missão de caridade que aceitamos, nesta vinda.

Que a mãe Maria, com suas legiões de médicos do espaço, possa guiar a todos aqueles que desejam sinceramente cooperar com o saneamento do globo e de sua humanidade e que Jesus, o divino médico, esteja sempre nos inspirando sobre as melhores atitudes a adotar em nosso relacionamento com Deus, nossos irmãos de caminhada e conosco mesmos.

Luz e paz!

Bezerra de Menezes

6

Amados amigos:

Iniciemos nossa cura definitiva, a cura em profundidade, que propomos nestas humildes linhas, por meio do perdão, do esquecimento das ofensas, pregados pelo esculápio[1] da alma, Jesus de Nazaré.

Busquemos conquistar, pela compreensão do processo evolutivo que nos conduz, com erros e acertos, da molécula mais simples até o majestoso arcanjo sideral, a serenidade perante as falhas de nossos companheiros de estrada cósmica. É justamente a falta de compreensão acerca dos equívocos cometidos na fase de aprendizado rumo à luz que ainda traz para o espírito algumas das piores doenças que atingem a alma humana: a mágoa, o ódio e o consequente desejo de vingança.

São esses alguns dos sentimentos contrários à Lei Maior, o amor, que carreiam doenças terríveis ao espírito e ao corpo físico, como começa a compreender a humanidade diante do avanço dos diagnósticos mais profundos das ciências psíquicas, como a psicanálise e a psicologia, particularmente a transpessoal.[2] Elas ganham terreno neste limiar de milênio, além das

---

[1] Significa médico. Advém de Esculápio, deus da medicina na mitologia greco-romana, filho de Apolo e pai de Higia, deusa da saúde e identificado como Asclépio na Grécia (nota do médium).
[2] "Psicologia transpessoal ou quarta força é o título dado a uma força que está emergindo no campo da psicologia, por um grupo de psicólogos e profissionais, homens e mulheres de outros campos que estão interessados naquelas capacidades

revelações trazidas a lume pela doutrina espírita e outras sobre nossos corpos sutis, onde se encontra o cerne dos males físicos e psíquicos que carregam as criaturas da Terra.

.. O ser humano desta era luminosa precisa entender urgentemente que, quando guarda mágoa de alguém, quando fomenta interiormente o ódio e, principalmente, acaba por exteriorizar a energia gerada por tais sentimentos e emoções em forma de vingança, o maior prejudicado não é o alvo de sua incompreensão, mas o próprio gerador desses fluidos negativos, ou seja, aquele que se magoa, que odeia e se vinga.

Quando o Nazareno afirmou que felizes seriam os brandos e pacíficos, bem como os misericordiosos, aviou uma receita importantíssima para as criaturas deste mundo em ascensão. Recomendando a postura de pacificação e perdão das ofensas, sabia o Mestre que estava ofertando aos homens um potente remédio que atuaria nas causas, muito mais que nos efeitos, servindo como profilaxia para uma infinidade de doenças, tanto no físico, como nos distúrbios neurológicos, gástricos, circulatórios, etc., e ainda, saneando seus campos áuricos para impedir uma das maiores doenças psíquicas que assolam a humanidade, a obsessão.

Com efeito, queridos irmãos, quando a criatura, ser de luz que é, dono e administrador de seu campo energético, desequilibra-se nos momentos de cólera, incompreensão e intolerância, transforma o fluido cósmico universal, energia primeva e neutra, em uma energia maligna, que acaba por aderir à sua constituição perispirítica. Transforma sua aura em um campo de energias desequilibradas e maléficas, que lhe prejudicam a saúde e influem de forma sutil e imperceptível em todos aqueles que o cercam, encarnados e desencarnados, propiciando, inclu-

---

e potencialidades últimas que não têm lugar sistemático na teoria positivista e behaviorista ('primeira força') nem na psicanálise clássica ('segunda força') nem na psicologia humanista ('terceira força'). A psicologia transpessoal se relaciona especialmente com o estudo empírico e a implementação das vastas descobertas emergentes das metanecessidades individuais e da espécie, valores últimos, consciência unitiva, experiências culminantes, valores do ser (being – ser), êxtase, experiência mística, arrebatamento, último sentido, transcendência de si, espírito, unidade, consciência cósmica, vasta sinergia individual e da espécie, encontro supremo, interpessoal, sacralização do cotidiano, fenômeno transcendental, bom humor cósmico, consciência sensorial, responsividade e expressão elevadas ao máximo, conceitos experienciais e atividades relacionadas" (nota do médium).

sive, condições para instalarem-se os danosos processos obsessivos, pela lei de afinidade e sintonia vigente no cosmo.[3]

Se, após esse primeiro momento, a criatura se arrepende ou mesmo busca outros patamares vibratórios, tais energias vão sendo substituídas por outras positivas, como explicou Allan Kardec no capítulo Os fluidos, da obra *A Gênese:* "A molécula sã substitui a molécula malsã", ocorrendo a recuperação dos tecidos perispirituais lesados e/ou contaminados pelo acesso de ira e consequente transmutação da energia malévola gerada pela criatura, em um momento de desequilíbrio psíquico.

No caso da mágoa, do ódio e do desejo de vingança, esse processo energético torna-se muito mais complexo, e as conseqüências acabam centuplicando sua negatividade. Ao contrário da explosão passageira, que, diga-se de passagem, também é muito prejudicial, a criatura acaba, com a manutenção do sentimento oposto ao amor, potencializando a ação dessas energias, inicialmente geradas no momento da contrariedade, alimentando-as constantemente sempre que se recorda consciente e inconscientemente do fato causador do problema.

Paralelamente, tais substâncias astrais inferiores vão penetrando de forma persistente em seus corpos sutis, deteriorando a tal ponto as células perispirituais que o processo de cura tende a ser bem mais demorado e difícil; exige, muitas vezes, longo período de depuração nos charcos astralinos, em que os caldos ácidos lá existentes servem como substâncias de assepsia, livrando paulatinamente o espírito dos fluidos deletérios de que se alimentou e potencializou pela falta de perdão.[4]

Outras vezes, quando tais sentimentos são alimentados durante um período muito longo e com muita intensidade, essa providência não é suficiente para a cura: somente doenças sofridas em uma encarnação para drenar a carga tóxica aderida ao perispírito da entidade que não perdoou. Acaba, então, sendo necessário que o espírito sofra em novas reencarnações o pro-

---

3 É a lei que dita que "os semelhantes se atraem". Vide capítulo IV, A prova da obsessão, da obra *Mediunismo*, transmitida pelo espírito Ramatís ao médium Hercílio Maes e publicada pela **EDITORA DO CONHECIMENTO**.
4 Vide capítulo 22, Os charcos de fluidos nocivos no astral inferior, da obra *A Vida Além da Sepultura*, transmitida pelo espírito Ramatís ao médium Hercílio Maes e publicada pela **EDITORA DO CONHECIMENTO**.

cesso de drenagem, por meio de doenças físicas e psíquicas, para livrá-lo das toxinas psíquicas que carreou imprudentemente para seus veículos internos, por descaso ou até desconhecimento dos princípios profiláticos contidos no evangelho de Jesus e nos demais códigos trazidos aos homens, por muitos "médicos do espírito".

Assim, queridos companheiros, iniciemos desde já nosso processo de autocura por meio do amor, perdoando nossos inimigos, esquecendo de verdade nossas mágoas. Assim, já estaremos nos precavendo e evitando muitas moléstias que nos acometem. "Bem-aventurados os misericordiosos, porque obterão misericórdia!"

Muita paz!
Muita luz!

Bezerra de Menezes

7

Amados amigos do amor:

Todos nós que almejamos alcançar a cura de nossas mazelas físicas e psíquicas podemos caminhar mais rapidamente para o patamar da sanidade global, utilizando-nos do "antibiótico da alma", remédio infalível e força capaz de nos conduzir pelo caminho certeiro da felicidade: o pensamento,[1] que é a mola propulsora das grandes realizações humanas. Dádiva divina ofertada ao princípio inteligente, após os estágios primevos no caminho da angelitude - seu destino fatal no retorno triunfal à casa do Pai.

Queridos irmãos, é importante atentarmos para o fato de que o pensamento é fator causal em que podemos localizar a gênese de todas as enfermidades físicas e psíquicas que afligem a humanidade. Como já vos explicamos alhures, quando o pensamento manipula energias em oposição à lei do amor, ele as exterioriza depois, nos veículos de manifestação da alma, em forma de moléstias do corpo e do espírito. Compete-nos curar essas doenças de forma definitiva, nesta hora em que o Criador nos permite conhecer mais detalhadamente os meandros de nosso processo evolutivo e, assim, decidirmos conscientemente conquistar finalmente nossa felicidade.

Hoje, quando os conhecimentos sobre a realidade extrafí-

---
1 Sobre o poder do pensamento, vide as obras *Nossas Forças Mentais*, de I a IV, de Prentice Mulford, publicada pela Editora Pensamento.

sica se espalham, como nunca antes ocorreu, está o ser humano apto a assumir as rédeas de sua iniciação, deixando de ser um instrumento passivo das forças que regem o progresso para ser como um general, administrador dos talentos que o Criador lhe doou para sua ascese rumo aos planos de luz. Isso lhe é solicitado humildemente por seus guias siderais, nesta hora de definições por que passa o orbe terráqueo.

Amigos e irmãos, urge que todos os seres de boa vontade se conscientizem de que "a hora é chegada" e de que não devemos ficar inertes perante o chamado do Cristo, que ecoa em nossa retina espiritual há mais de vinte séculos:

> Vinde a mim todos vos que andais em sofrimento e vos achais carregados, e eu vos aliviarei. Tomai sobre vós o meu jugo e aprendei de mim que sou manso e humilde de coração e achareis descanso para as vossas almas. Porque o meu jugo é suave e o meu fardo é leve!

Ora, qual é o instrumento que Deus nos facultou, permitindo-nos avaliar a utilidade prática de adotarmos o "jugo evangélico" que Jesus de Nazaré nos ofereceu como profilaxia e terapêutica para a cura total de nosso espírito, que não o pensamento?

Percebamos a importância de trabalhar internamente os ensinamentos derramados pelo meigo rabi da Judeia, pois é em nosso mundo interior, ou seja, nos "mundos da alma" que se inicia o processo de cura definitiva pelo amor. Somente atingiremos essa meta por meio da interiorização. O pensamento é o veículo primeiro que nos leva ao contato com nossa essência e com as forças fabulosas que jazem em nossa intimidade, à espera de que as ativemos, para que possam auxiliar em nossa caminhada. Somente assim conseguiremos modificar nossa maneira atual de lidar com as energias que permeiam o cosmo, que nos tem trazido tantos sofrimentos, com enfermidades que nos acicatam nos veículos de manifestação mais densos.

Em verdade, todas as enfermidades decorrem basicamente do "pensamento doente", ou seja, de ideias e ideações divorciadas da lei maior, que ainda cultivamos por nossa inexperiência nos caminhos da luz. Essa inexperiência vai agora sendo suprida pela ajuda de um grandioso exército de amigos do bem que nos orientam quanto aos caminhos que devemos palmilhar na busca da sanidade mental e, consequentemente, física e espiritual. Isso tornará mais amena nossa caminhada no retorno à casa do Pai, ou seja, ao contato com a força suprema dentro de nós.

Portanto, meus amados companheiros de tarefa crística, grandes companheiros de tantas e tantas jornadas pelos caminhos ásperos, porém educativos, neste lindo planeta-escola que nos dá guarida, estejamos atentos aos nossos pensamentos e em todos os momentos vigiando e orando, como nos foi sugerido pelo "médico maior" deste mundo.

Somente modificando nossa forma de pensar, de entender a vida e o nosso papel no Universo e, principalmente, a importância do amor em nossa caminhada é que poderemos marchar para a cura definitiva. É o que propomos nestas despretensiosas linhas, que grafamos como contribuição para todos que almejam trilhar novos caminhos na luminosa era que principia para a humanidade do planeta Terra.

Os parâmetros para educar nossos pensamentos nos foram trazidos no decorrer dos tempos por muitos irmãos, que nos deixaram importantíssimos códigos de conduta moral, capazes de balizar nosso caminho rumo à cura total e à tão desejada felicidade. Vários pastores deixaram para as ovelhas do orbe o mapa que pode conduzi-las ao "caminho do aprisco". No evangelho do Cristo-Jesus, podemos encontrar uma síntese global, holística e, além de tudo, simples e objetiva da lei maior do amor, inteligível em qualquer tempo ou local.[2]

Assim, direcionemos nossos pensamentos dentro dos parâmetros demonstrados pelo Cristo, ou seja, aceitemos o "seu jugo", pois ele é leve e suave, pedindo-nos apenas que nos amemos uns aos outros como Ele nos amou. Eduquemos nossos pensamentos para pensar somente no bem, na bondade, na tolerância, no perdão, na humildade, na simplicidade, na brandura, na lealdade; e assim estaremos conquistando, cada vez mais, a saúde integral, definitiva, que nos possibilitará maior equilíbrio psicofísico, fazendo de cada um de nós verdadeiro

---
[2] Vide capítulos III, IV e V da obra *O Evangelho à Luz do Cosmo*, transmitida pelo espírito Ramatís ao médium Hercílio Maes e publicada pela **EDITORA DO CONHECIMENTO**.

"bandeirante da luz", a espalhar o exemplo no bem e a esperança de renovação para os nossos irmãos que conosco palmilham a estrada da redenção. Nesse caso, além de auxiliarmos nossos companheiros de jornada, ainda seremos os maiores beneficiados, uma vez que, gozaremos de plena saúde física e espiritual.

"Conhecereis a verdade, e a verdade vos libertará", sentenciou o Mestre. E a verdade é que somente por meio de pensamentos amorosos será possível alcançar a tão almejada cura do corpo e da alma, pela qual nos compete labutar incansavelmente - dever de todo aquele que compreende o sentido maior da vida.

Que a luz divina ilumine nossos passos nesta senda e possamos juntos atingir o desiderato de alcançar de forma branda, suave e amorosa, sem a necessidade de tratamentos traumáticos, a *cura pelo amor*.

Muita paz!
Muita luz!

Bezerra de Menezes

8

Prece, recurso divino para os filhos queridos na peregrinação cósmica em busca da felicidade no seio do Criador; prova inequívoca do infinito amor do Senhor dos mundos por suas criaturas, dotando-as de infinitas possibilidades de cura e autocura, por meio dos poderes latentes no âmago do ser, movimentados no fervor de uma oração; caminho que leva a Deus e à cura de qualquer dificuldade física, moral, mental ou espiritual, por seu grande poder terapêutico, ainda desprezado pela maioria dos seres que palmilham os primeiros degraus do processo evolutivo.

São tantas as mazelas e dores que podem ser superadas quando nos aventuramos pelos caminhos luminosos da prece, adentrando nosso mundo interior, o santuário do sagrado dentro de nós, berço das primevas energias oriundas do imenso amor do Pai por todos os seus filhos![1]

Amados filhos, é tamanha a força, a paz e a luz que a criatura pode movimentar em favor de si mesma e de seus companheiros de jornada cósmica, no recolhimento e no fervor de uma simples e profunda prece! Uma das maiores forças dos universos, que pode ser centuplicada pelo poder da vontade, é a prece, recurso e vitamina maravilhosa sempre à nossa disposição, mas que, infelizmente, tem sido muito pouco utilizada pelos seres da Terra, talvez mais por desconhecimento de seus

---

1 Perguntaram os fariseus quando viria o reino de Deus. Respondeu-lhes: "O reino de Deus não vem com aparato exterior; não se pode dizer; ei-lo aqui ou acolá! O reino de Deus está dentro de vós" (Lucas 17: 21).

efeitos do que por falta de fé.

"Conhecereis a verdade, e a verdade vos libertará"; novamente este ensinamento é lembrado para que possamos compreender o papel curativo, equilibrante e harmonizador da prece em relação a todos os nossos veículos de manifestação. Com efeito, queridos amigos de caminhada, como dita a física transcendental, o homem pode ser comparado a um dínamo, gerando e transformando ininterruptamente energias dos mais variados padrões, que podem levá-lo às culminâncias da luz ou arrastá-lo, por uma questão de peso específico, até as mais baixas faixas vibratórias.

Dessa forma, amados filhos, é fundamental que o homem do terceiro milênio busque conhecer melhor o mecanismo da oração,[2] bálsamo divino que pode fortalecer-nos grandemente diante das agruras próprias dos degraus iniciais do processo evolutivo; assim poderá curar o corpo e o espírito, adquirindo a saúde integral que tanto persegue.

De maneira simples e objetiva, podemos dizer-vos que, quanto mais orarmos de forma correta, ou seja, com fervor, pureza de intenções e finalidade amorosa, estaremos carreando mais energias sutis, altamente profiláticas e terapêuticas, que auxiliarão sobremaneira no restabelecimento dos desequilíbrios que possamos trazer em nossos corpos físico e energético.

Como não cansamos de lembrar, disse o apóstolo Pedro: "O amor cobre a multidão de males". E o que é a prece, senão a possibilidade que temos de movimentar o amor que mora em nós, em prol de nossa felicidade e daqueles que conosco convivem?

Quando oramos por alguém, ordenamos a essa energia suprema, o amor em nós, que alcance o ser querido, o irmão cósmico a quem queremos amparar, a fim de penetrar em seu mais profundo ser, operando as modificações físicas e energéticas que possam auxiliá-lo. Creiam, queridos amigos, isso é possível, graças ao poder do amor que cura, como linfa do Criador movimentada por suas criaturas.

---

2 Vide capítulo 11, Elucidações sobre a prece, da obra *Elucidações do Além*, transmitida pelo espírito Ramatís, por intermédio do médium Hercílio Maes, publicada pela **EDITORA DO CONHECIMENTO**, bem como os capítulos XVII e XVIII, Pedi e obtereis e Coletânea de preces espíritas, da obra *O Evangelho Segundo o Espiritismo*, de Allan Kardec.

Além do aspecto energético do auxílio que nossa energia de amor pode levar por meio da oração, ainda existe o aspecto espiritual: a ajuda que podemos granjear com um pedido sincero às esferas elevadas, que, tocadas por nosso amor, na prece, poderão, em nome de Deus, trazer a cura para nós ou para aqueles que queremos auxiliar. Isso é a cura pelo amor, por meio da prece!

Procuremos entender a importância da oração em nossas vidas e o quanto podemos colaborar com o Universo, usando nossas preces. Busquemos entender seus mecanismos transcendentais, que poderão nos levar a um grande fortalecimento perante as doenças que ainda nos acicatam.

Ninguém pode negar o poder irresistível do amor e o quanto esse poder pode ser dinamizado, dirigido e potencializado pela oração, levando a cura ao mundo, carente de amor. Nossos irmãos estão necessitados desse sentimento, e o nosso ser está repleto dessa energia luminosa. Vamos então doá-la, utilizá-la, dinamizá-la por meio da prece. Os maiores interessados somos nós! Os maiores beneficiados somos nós, como fulcro irradiador da energia do amor.

Oremos, amados irmãos, oremos e estaremos demonstrando que aprendemos com o amor, com a vida e com todos os grandes avatares que fizeram da prece companheira inseparável, garantindo-lhes a saúde e o equilíbrio para cumprir os desígnios do Pai.

Paz em Jesus!

Bezerra de Menezes

9

Salve mãe Maria!
Salve "enfermeira" da humanidade!
Bendito teu coração amoroso, que acalenta e ampara todos os filhos da Terra, em sua busca pela cura definitiva. Tu és uma das flores mais belas que o Criador Incriado plantou no jardim de nossas vidas! Espírito imaculado que desceu ao charco de dores para recepcionar o Salvador dos homens, cuja ternura e carinho alicerçaram os primeiros passos do mestre Jesus na carne humana, tu continuas a velar incansavelmente por nossas existências, com a mesma dedicação de outrora.

Mãe querida, Santíssima Virgem de Sião,[1] tua solicitude por nossa evolução nos faz agradecidos e muito emocionados ao louvarmos tua luz em nossas vidas, conduzindo-nos ao aprisco, como ovelhas perdidas que retornam ao Pastor, teu amado filho Jesus!

Teu exemplo de dedicação missionária e tua fé inabalável no potencial de teus filhos da Terra são para nós a seta luminosa que nos impele à busca do exemplo evangélico, como terapêutica infalível para a harmonização de nossas almas sedentas de paz.

---
1 "Maria, no entanto, era muitíssimo considerada em Nazaré, por ser exímia em bordados, costuras, tecelagem de tapetes de lã e cordas, ofício que aprendera durante sua estada entre as virgens de Sião, no tempo de Jerusalém." Trecho extraído do capítulo VIII, "Maria e a sua missão na Terra", da obra *O Sublime Peregrino*, transmitida pelo espírito Ramatís ao médium Hercílio Maes, publicada pela **EDITORA DO CONHECIMENTO**.

Ensina-nos a trilhar o caminho apontado por teu filho para que possamos fazer este mundo ser mais amoroso e fraterno, lugar onde imperará a saúde física e espiritual.

Ensina-nos a perceber a *verdade* que se encontra em nosso interior, como imenso potencial angélico plantado pelo Criador dos mundos em nosso íntimo ser e que pode nos libertar da ignorância e despertar nossa força interior, colocando-a a serviço de nossa busca da felicidade.

Ensina-nos, ainda, a identificar a verdadeira *vida*, que necessitamos transformar em realidade dentro e fora de nós, para que, finalmente, sintonizados com o verdadeiro significado de nossa existência cósmica, tornemo-nos instrumentos da divina luz, amparando a vida em todos os quadrantes do Universo.

Sabemos, mãe amiga, que teu grandioso amor nunca nos abandonou e que, invisível aos nossos olhos materiais, tens pensado nossas chagas físicas e morais, nos milênios em que nos tens acompanhado, nesta pátria de exílio. Por isso te agradecemos e louvamos, neste momento em que principiamos a curar-nos pelo amor que teu filho, o Nazareno, ensinou-nos a liberar como força profilática e terapêutica que habita dentro de todos os seres do cosmo. "És a pérola de Nazaré que enfeita o colar de nossa existência!"

Mãe amiga, fica ao nosso lado mais uma vez, neste instante importante para nossas trajetórias terrenas, como companheira e enfermeira de nossas almas, que precisam de teu amparo e de teu carinho de mãe, para seguir o que teu filho indicou: higienizar e equilibrar nossos corpos sutis, adquirindo a condição vibratória necessária para habitarmos o mundo de regeneração, onde finalmente poderemos constituir uma humanidade mais saudável física e moralmente.

Que teu exemplo de amor incondicional, como mãe de todos nós, possa se constituir um balizamento para nossa caminhada rumo à *cura pelo amor*, pregada e exemplificada por tantos de teus filhos que desceram à carne terrestre para demonstrar aos homens as virtudes angélicas que trazem a saúde integral.

Recebe, portanto, nesta hora, todo o nosso carinho e a nossa mais profunda gratidão por tudo o que tens feito por nós, desde que aportamos nesta bendita escola planetária.

Saibas, querida mãe, irmã, companheira e amiga, que te amamos demais e contamos sempre com tua proteção e presença ao nosso lado.

Paz e luz!

Bezerra de Menezes

10

O Cristo é o caminho, a verdade e a vida![1]

É o *caminho* para nossa cura definitiva. É a *verdade* de cada um de nós, vibrando como essência divina no interior de cada ser. É a *vida* pulsando sadia em todo o cosmo e conduzindo as criaturas a patamares de saúde física e espiritual, como destino sideral de todo ser vivente.

O Cristo bem compreendido, mas, acima de tudo, bem sentido e exteriorizado, lava a multidão de males, como ditou o apóstolo, pois Ele é amor.

O amor é o *caminho* uno e unificador, que, ligando perpetuamente a criatura ao Criador, garante-lhe a cura integral e definitiva das mazelas cármicas que contrai em seus primeiros passos na caminhada em busca da evolução.

O amor é a única e maior *verdade* que existe nos universos, pois dele viemos e para ele vamos, e não há nenhum de nós que por ele não busque e que por ele não faça qualquer esforço.

O amor é a *vida* cósmica do Eterno, que nutre as constelações, as galáxias, os sóis, os planetas e tudo o que pulsa, eternidade afora, como dádiva ofertada pelo Divino a seus filhos queridos.

---

[1] "Senhor – disse-lhe Tomé –, não sabemos aonde vais; e como podemos conhecer o caminho?" Respondeu-lhe Jesus: "Eu sou o caminho, a verdade e a vida; ninguém vai ao Pai senão por mim. Se me conhecêsseis, também conhecerias a meu Pai" (João 14: 16). Vide, também, o capítulo VIII, "Ninguém vai ao Pai a não ser por mim", da obra *O Evangelho à Luz do Cosmo*, transmitida pelo espírito Ramatís ao médium Hercílio Maes, publicada pela **EDITORA DO CONHECIMENTO**.

Portanto, amados, busquemos no Cristo o *caminho* para nossa felicidade, a estrada luminosa onde encontraremos o equilíbrio psicofísico que nos garantirá a consequente saúde tanto almejada.

Cultivemos e vivenciemos a *verdade* do Cristo, derramada por seus emissários nas mais diversas doutrinas, filosofias e religiões espalhadas pelo orbe, como setas amorosas, indicando-nos a postura do amor incondicional como remédio para todas as dores do mundo.[2]

Sintamos a *vida* plena e integral que o Cristo nos oferece, assim que envidarmos os esforços necessários para viver seus postulados à luz do dia. Irradiaremos saúde e alegria, a partir do momento em que o Cristo em nós fizer sentir a potência do infinito dentro do finito, tornando-nos efetivos partícipes da obra divina.

Irmãos, amigos, filhos queridos, só no Cristo alcançaremos nossa alforria. Somente sua luz divina eleva o homem a anjo, não importando a nomenclatura com a qual o intitulemos: "reino de Deus", "pérola escondida", "tesouro oculto", "logos", "arcanjo sideral", etc., pois o mais importante é senti-lo e ainda mais crucial é vivê-lo e poder afirmar, como Paulo: "Já não sou eu quem vive; é o Cristo que vive em mim!".[3]

Que possamos caminhar a passos largos para esse desiderato, o *caminho*, a *verdade* e a v*ida* que se encontram latentes em todos os seres, aguardando nosso esforço para se tornar realidade em nossa vida, assim como o foi para o "Apóstolo dos Gentios".

Decidamos libertar esse prisioneiro que dentro de nós clama por liberdade, para que assim, livre das amarras de nossas imperfeições, possa cumprir seu papel maior: levar-nos, finalmente, após tantas experiências, quedas, acertos e enganos, à tão almejada *cura pelo amor*.

Paz em Jesus!

Bezerra de Menezes

---

2 Vide a obra *A Missão do Espiritismo*, transmitida pelo espírito Ramatís" ao médium Hercílio Maes, publicada pela **EDITORA DO CONHECIMENTO**, em que o autor espiritual nos explica sobre a importância de cada religião e filosofia que existiu e existe no planeta, no contexto geral da evolução da humanidade (nota do médium).
3 Gálatas 2:20.

11

Amados companheiros:

Que a luz do Mestre Jesus possa clarear nosso caminho, fortalecendo nossas almas para aproveitarmos eficazmente as experiências redentoras desta morada cósmica que amorosamente nos acolhe como bendita escola-laboratório, oferecendo-nos o aprendizado de que tanto necessitamos em nossa busca da felicidade.

Sintamos em nós o amor do Criador dos mundos manifestando-se pelas situações redentoras que atravessamos; como exemplo, temos as enfermidades físicas e psíquicas que acometem os seres e lhes oferecem a chance de interiorização e superação interna, na dinamização da divina luz que jaz latente em seu interior.

Espíritos imortais que somos, jamais pereceremos, e essa consciência de nossa imortalidade é fundamental para que possamos atravessar os momentos de provas e expiações com um pouco mais de equilíbrio, aproveitando em sua totalidade as lições que a vida nos oferece.[1]

Alguém já disse que muitas vezes é necessário que se deite o corpo para que se levante o espírito, em uma clara alusão a esses momentos mágicos em que a alma é colocada diante de si

[1] 1 Vide capítulos II e V, Meu reino não é deste mundo e Bem-aventurados os aflitos, da obra *O Evangelho Segundo e Espiritismo*, de Allan Kardec.

mesma, muitas vezes no silêncio e na solidão de uma enfermidade.

E são tantas as reflexões, as conclusões e, muitas vezes, sai a alma fortalecida de uma experiência considerada traumatizante pelo vulgo, mas que se constitui na "mão de Deus", como guia ao filho para novos caminhos.

O Cristo e a espiritualidade amiga, por uma infinidade de mãos iluminadas, trazem à humanidade a cura mediúnica como amparo a suas dores físicas e psíquicas; porém os esclarecimentos contidos na doutrina espírita e nas demais religiões, seitas e filosofias do orbe, levarão o homem à cura definitiva e verdadeira, retificando finalmente suas atitudes, em consonância com a lei do amor que move o Universo.

A visão unificadora contida nas mensagens crísticas espalhadas pelo orbe e que vão sendo disseminadas pelos homens de boa vontade alicerçará a fraternidade, fazendo as criaturas da Terra conviverem de forma mais amorosa, deixando de gerar carma negativo em forma de doenças e mazelas físicas e psíquicas.

Portanto, queridos irmãos de estrada terrena, busquemos, sim, a cura e o alívio do corpo, certos de que o Pai do Céu nunca nos desampara e sempre providencia para que sejam amenizadas nossas dores e dificuldades evolutivas; porém, tenhamos em mente que também espera que cresçamos com essas vivências. Somente assim, atentos para o significado dessas experiências e alegres pela oportunidade sempre renovada de crescimento, conseguiremos sair vitoriosos desta viagem terrena.

Agradeçamos ao Criador a luz que nos envia, neste momento crucial para nossa felicidade, e amemos ao Pai acima de todas as coisas e ao próximo como a nós mesmos. Estaremos, assim, marchando a passos largos para o equilíbrio e a saúde integral, um glorioso destino que nos aguarda nos estágios superiores de evolução.

Paz e luz!

Bezerra de Menezes

12

A amizade e o carinho são, entre os que habitam este orbe em transformação, o patamar a ser conquistado pelos que almejam implantar nele o reino de luz e amor apregoado por todos os grandes luminares que vieram nos aplainar o caminho. Somente por meio de muita compreensão e bastante tolerância poderão os seres humanos, neste momento de dores acerbas e desafios grandiosos, criar um clima psíquico ideal para que possam superar o momento do choro e do ranger de dentes, que nada mais é do que a hora da transição, na qual as dificuldades de convivência e aceitação se avolumam. Os conteúdos internos das criaturas vêm à tona para o joeiramento necessário e a depuração consciencial que é pedida internamente pelo espírito ansioso por habitar a Canaã do terceiro milênio.

Amados filhos, este é um momento de definições importantes e de atitudes decididas em direção ao amor. É necessário que os seres humanos se interiorizem e se conheçam em profundidade, enfrentando destemidamente suas dificuldades internas, em vez de ficarem apenas atados à ilusão do externo,[1] espelhando-se no outro. Assim, perdem a oportunidade única da transformação moral que se faz imperiosa, uma vez que traz

---

[1] *Maya*: ilusão. O poder cósmico que faz possível a existência fenomênica e suas percepções. De acordo com a filosofia hindu, somente aquilo que é imutável e eterno merece o nome de realidade; tudo o que está sujeito à mudança e que, portanto, tem princípio e fim é considerado *Maya* (*Bhagavad Gita*, tradução de Huberto Rohden, Editora Martin Claret Ltda).

a modificação do patamar energético e, consequentemente, a cura de todas as doenças que ainda afligem as criaturas, em razão de não estarem seguindo os preceitos do amor.

É claro que, em um panorama de definições e profundas transformações internas, os conflitos interiores e exteriores se multiplicam e, muitas vezes, dão a impressão de derrocada dos princípios que nos foram ofertados pelos amigos de luz de todos os tempos, que falaram sobre a fraternidade e a solidariedade entre os homens, que devem nos unir em "um só rebanho para um só pastor", como aliás, também prognosticou o "Terapeuta Divino".[2]

Essa postura fraterna é um dos pilares que podem dar sustentação à virada de ciclo, pois essa união possibilitará a soma de esforços e a utilização de nossas energias amorosas na cura e prevenção das doenças que hoje afligem a humanidade.

Queridos companheiros, a amizade, a compreensão e a paciência formam o conjunto das virtudes que nos ajudam a compreender a dificuldade dos irmãos de caminhada, que necessitam, como nós, trabalhar suas mazelas interiores, extirpando de si aquilo que gera o desequilíbrio energético e, consequentemente, as doenças e dores que ainda acicatam os homens.

Em um mundo de definições, contradições e acerba luta interior, somente a amizade e o carinho entre as criaturas poderão propiciar a condição moral e energética necessária para que todos possam viver em um clima mais ameno, psiquicamente falando, ou seja, um planeta onde as pessoas não se sintam mais adversários a se combaterem, mas sim irmãos a se ajudarem.

Só a verdadeira amizade pode unir os irmãos na construção de sua felicidade, sem antagonismos e disputas funestas, que somente atravancam o saneamento interno das criaturas de Deus, que na Terra caminham juntas há milênios em busca da cura definitiva. Essa cura, como insistimos em dizer, somente poderá ser alcançada por meio do *amor incondicional* incondicional cantado em prosa e verso por tantos e tantos lumino-

---
2 "Eu sou o bom pastor: conheço minhas ovelhas, e elas me conhecem, assim como o Pai me conhece e eu conheço o Pai. Eu dou a vida pelas ovelhas. Tenho também outras ovelhas que não são deste curral. Também a elas eu devo conduzir; elas ouvirão a minha voz, e haverá um só rebanho e um só pastor" (João 10: 14-16).

sos seres que em eras passadas viveram em nosso orbe.

Essa é uma postura interior que se impõe como necessidade premente àquele que, como *bandeirante da luz*, deseja colaborar com a transição interna e planetária que nos pedem nossa consciência e os dirigentes espirituais do globo, capitaneados pelo amado Cristo Planetário. Essa é a atitude sensata para todo aquele que pretende construir para si a "túnica nupcial" e participar do "banquete de bodas" de que nos falou o inolvidável Nazareno.

Privilegiemos a amizade e o carinho e estaremos, dessa forma, purificando nossos veículos de manifestação, pois isso trará o equilíbrio energético necessário para nossa harmonização psíquica. Essa condição vibratória possibilitar-nos-á viver uma vida sem as doenças e dores que muitos seres humanos ainda carregam como fardo cármico gerado quando caminham afastados do altruísmo. Este, como já dissemos, constitui-se como o ritmo cósmico vibrado pelo Universo do Pai, em sua grandiosa harmonia.

Auscultemos a natureza e veremos a sincronicidade[3] em que convivem os diferentes elementos, o relacionamento de amizade e carinho entre as espécies, entre os poderes da natureza, entre tudo o que compõe o cosmo, e aprenderemos com a própria natureza a estabelecer a amizade e o carinho entre todos. Isso nos possibilitará uma vida mais amena e cheia de alegria, pois, finalmente, nosso mundo interno estará equilibrado e centrado na tarefa saneadora de nós mesmos.

Notem, amigos queridos, que se cultivarmos essas duas virtudes da alma, a amizade e o carinho, deixaremos de buscar os defeitos e dificuldades alheias, de viver em perpétua competição mental, emocional e sentimental. Como consequência, além de não mais gerar energias desequilibradas, ainda poderemos, mais centrados em nossa interioridade, trabalhar melhor nossos conteúdos internos e assim realizar o processo de transmutação de nossas dores em alegrias e das doenças na saúde integral.

---
3 Sincronicidade é um conceito desenvolvido por Carl Gustav Jung para definir acontecimentos que se relacionam não por relação causal, mas por relação de significado, expressando-se em um padrão subjacente ou dinâmico, que é expresso por meio de eventos ou relações significativos (Enciclopédia Wikipédia).

Dessa forma, estaremos nos aproximando da condição vibratória imprescindível para habitar o planeta regenerado que vem chegando, como direito adquirido por todos os que aceitarem o desafio interno e modificarem sua forma de pensar, sentir e agir, buscando a fraternidade e a solidariedade. Com isso, o mundo paulatinamente se equilibrará, uma vez que esse é o destino de todos dentro da *lei do progresso,* magistralmente delineada por Allan Kardec, em *O Livro dos Espíritos.* Amizade e carinho, fraternidade e solidariedade, eis alguns dos caminhos para a cura individual e coletiva. Adubemos essa proposta, iniciando em nós mesmos essa grandiosa tarefa. É a contribuição que cada um de nós pode levar ao grande trabalho do Comando Supremo do Planeta Terra. É a tarefa para a qual são chamados, neste momento, todos aqueles que já entenderam seu papel no cosmo, a divina missão que cabe às criaturas, ou seja, a sublime tarefa de: "Amar a Deus acima de todos as coisas e *ao próximo como a si mesmo!".*
Paz e luz!

Bezerra de Menezes

13

Esperança, palavra divina, luminosa, imprescindível nessa caminhada cheia de desafios e dificuldades internas e externas que encontram as criaturas, em sua eterna busca pelo Criador. É essa virtude apostolar que alicerça a estrada a ser percorrida pelo ser humano, viajor das estrelas, herdeiro da luz, até a conquista do tesouro maior que se encontra no "cofre sagrado", no interior do ser. Todos os seres criados pelo Altíssimo buscam a felicidade maior: vivenciar em sua plenitude o amor, alcançar a consciência plena sobre o imenso patrimônio sideral que o Pai reserva a todos os seus filhos, no topo da "montanha sagrada" que nos compete escalar como viajor cósmico. Dali poderemos vislumbrar o caminho percorrido e ter a exata compreensão sobre nosso dever para com os que iniciam a jornada e para conosco também, como já nos alertou o companheiro Rivail, em sua luminosa obra trazida a lume para orientar os homens em sua jornada evolutiva.[1]

> Destino cósmico reservado a todo filho pelo Pai: a felicidade;
> Ideal sublime a perseguir: a evolução,
> Certeza inequívoca que nos trazem os mestres: chegaremos lá!

Eis o adubo para nossa esperança, o fundamento lógico e

---
[1] Vide ensinamento em "A estrada da vida", página 183 de *Obras Póstumas*, de Allan Kardec, publicação da Editora IDE, 1ª edição.

racional, bem a gosto do homem moderno, que hoje nos é trazido pela espiritualidade maior, por meio de tantas doutrinas que oferecem ao ser humano a visão holística do processo evolutivo: a certeza de que o Pai nunca nos desampara e de que todos, um dia, alcançaremos a condição de espíritos puros, conscientes e sadios, sem doenças mentais, emocionais ou físicas, por cultivarmos, então, somente o amor.

Essa certeza, amados irmãos, é derivada do conhecimento da verdade sobre a infinita bondade do Criador dos mundos e dos seres. Deus, Poder Supremo, Alá, Jeová, Bhrama, Shiva, Buda, Tao, seja lá qual for o nome a Ele dado, mas que, em essência, simboliza essa Inteligência Suprema que delineou o processo evolutivo lastreado na diversidade das experiências e no acúmulo de lições que seus filhos vão carreando por meio da reencarnação.

Sim, a reencarnação, queridos filhos, é a "doutrina da esperança"; somente ela fundamenta nossas esperanças de um progresso contínuo e a certeza de que temos o tempo necessário para curar nossas doenças mentais, emocionais e físicas e de que alcançaremos, um dia, a felicidade que tanto almejamos, para nós e para aqueles que amamos.

A pluralidade das existências representa uma das maiores provas do infinito amor que esse Poder Supremo do cosmo tem por suas criaturas, pois ela nos conduz ao topo da "montanha sagrada". É por meio das várias experiências na Terra ou em outras moradas planetárias que vamos adelgaçando nossos corpos de manifestação. É por meio do aprendizado gerado em cada uma das vidas que gradualmente entendemos melhor nosso papel e as tarefas evolutivas; enfim, é nesse eterno "vir a ser" que vamos transformando o animal em anjo; a ameba, em arcanjo; a doença, em saúde; e, a cada experiência que atravessamos, chegamos mais perto do amor.

Todo esse esforço, toda essa escalada cósmica em busca do topo da evolução constitui o curso escolar da alma, que paulatinamente compreende melhor seu dever para consigo e para com seus companheiros de caminho. Aduba, assim, sua esperança e a certeza de que somente amando incondicionalmente tudo e todos poderá galgar mais rapidamente os degraus da "escada de Jacó", que conduzirão ao seu glorioso destino. Esses degraus podem ser representados pelas encarnações que vivemos nas mais variadas condições: ora como homem, ora como mulher, preto, branco, amarelo, gordo, magro, alto, baixo enfim; tudo demonstração do amor do Criador, que deseja que suas criaturas amadurecidas e conscientes possam tornar-se luzes a iluminar seus próprios caminhos os daqueles que vêm atrás, no eterno processo da criação.[2]

Na simplicidade e coerência do processo reencarnatório, encontra-se o caminho para a *cura pelo amor*, pois é vivendo nas mais diversas condições e compartilhando as emoções, os sentimentos e os ideais de nossos companheiros que percebemos a importância de nos auxiliar uns aos outros e, de um lado a outro do Universo, formarmos uma rede de amor que possa embasar uma vida mais sadia e alegre.

A certeza que nos traz a reencarnação, de que um dia habitaremos planos e mundos superiores, onde não haverá mais dor e muito menos doenças de qualquer tipo, traz-nos alegria e esperança, e essa energia, esse patamar vibratório é imprescindível para nos garantir o equilíbrio neste momento de definições planetárias e interiores, como não cansamos de vos advertir.

Utilizemos, portanto, a alegria, a esperança e a certeza da vitória, para fortalecer nossa cura e auxiliar também na cura de nossos irmãos; assim estaremos cumprindo nossa tarefa de amigos do amor!

Paz e luz!

Bezerra de Menezes

---

[2] Vide capítulos IV e V, "Pluralidade das existências" e "Considerações sobre a pluralidade das existências", da obra *O Livro dos Espíritos*, de Allan Kardec.

14

O amor cobre a multidão de males.

Queridos filhos de meu coração, eis o amor, um dos ensinamentos transmitidos à humanidade que necessita ser bem compreendido e, principalmente, vivenciado pelos seres humanos deste lindo planeta, para que as doenças possam, em breve, ser apenas lembranças de uma época que passou, e os homens possam, então, marchar resolutos rumo à felicidade que o Criador lhes reservou.

Digo-vos que, apesar de ser esse o destino cósmico de todos os seres criados, as criaturas podem acelerar o processo mediante a utilização da maior e mais excelente de todas as forças do cosmo: o amor.

Em verdade, queridos amigos, esse sentimento é uma força profilática e terapêutica capaz de desintegrar qualquer tipo de energia desequilibrante aderida à nossa constituição psicossomática, podendo gerar distúrbios físicos, mentais e espirituais.

É importante que a criatura, ao compreender essa verdade, esforce-se cada vez mais para aprimorar sua vibração de amor, pois o mundo necessita que essa energia que, no dizer do apóstolo, "cobre a multidão de males" seja exteriorizada em abundância, de forma a neutralizar forças contrárias que ainda impedem o estabelecimento de uma civilização sadia e alegre.

Cada um que busca a verdade, cada trabalhador da luz que

já compreendeu essa lei cósmica e assume uma postura amorosa diante da vida passa a ser um curador de almas, uma vez que seu campo energético torna-se capaz de agir terapeuticamente, espalhando saúde e felicidade, como Jesus de Nazaré, paradigma para nosso posicionamento amoroso.

A simples presença do Mestre e a irradiação de seu amor operavam curas fabulosas, como no caso da mulher que sangrava há anos e, após o contato com "o amor que cobre a multidão de males", curou-se imediatamente, graças à sua fé e também à poderosa emanação energética liberada naturalmente pelo Cristo.[1] Essa energia é própria de toda criatura que habita o cosmo. Aliás, Jesus fez questão de frisar as possibilidades infinitas de operar verdadeiros prodígios, pois cada criatura é portadora de tal dom, esclarecendo que podemos fazer tudo o que Ele fez e muito mais. Nossa tarefa é despertar essa força interior e colocá-la a serviço de nossa felicidade e da de nossos companheiros de jornada cósmica.

Aquele que alcança um patamar de irradiação de amor que lhe permita influir positivamente na vida das pessoas, neutraliza qualquer tipo de energia contrária, uma vez que inexiste no Universo força mais poderosa que esse sentimento. Não foi por outro motivo que Mahatma Ghandi, uma grande alma, um dos homens mais iluminados do século XX, declarou: "O amor de um homem neutraliza o ódio de milhões".

Por isso, amados filhos, o Alto nos convoca a amar bastante, nesta hora importante que vivem o globo terrestre e sua humanidade. É por isso que as "vozes do Céu"[2] se derramam

---

[1] "E uma certa mulher, que havia doze anos tinha um fluxo de sangue e que havia padecido muito, com vários médicos, e despendido tudo quanto possuía, nada lhe aproveitando, antes indo a piorar; ouvindo falar de Jesus, veio por detrás, entre a multidão, e tocou o Seu manto, porque dizia: 'Se tão somente tocar-lhe as vestes ficarei curada...'. E logo se lhe secou a fonte de seu sangue; e sentiu no seu corpo estar já curada daquele mal" (Marcos 5: 25-29).

[2] "Os espíritos do Senhor, que são as virtudes dos Céus, como um exército que se movimenta, ao receber a ordem de comando, espalham-se sobre toda a face da Terra. Semelhantes a estrelas cadentes, vêm iluminar o caminho e abrir os olhos aos cegos. Eu vos digo, em verdade, que são chegados os tempos em que todas as coisas devem ser restabelecidas em seu verdadeiro sentido, para dissipar as trevas, confundir os orgulhosos e glorificar os justos. As grandes vozes do Céu ressoam com o toque da trombeta, e os coros dos anjos se reúnem. Homens, nós vos convidamos ao divino concerto: que vossas mãos tomem a lira, que vossas vozes se unam e, em um hino sagrado, se estendam e vibrem, de um extremo do Universo ao outro. Homens, irmãos amados, estamos juntos de vós. Amai-vos também uns aos outros

pelo mundo, conclamando as criaturas a liberarem essa imensa força interior de que são portadoras e que, em muitos, encontra-se ainda em estado de hibernação, tímida, às vezes até um pouco assustada, ante o *status quo* dominante. Assim que libertada, terá o condão de modificar completamente o orbe, implantando a Jerusalém Renovada, o mundo tão aguardado por todos: o mundo da regeneração.

Essa é nossa tarefa maior, neste momento: *curar o mundo e sua humanidade*; porém isso somente acontecerá quando muitos seres ao redor do globo conseguirem despertar para seu verdadeiro potencial e compreender que o bem é muito mais forte que o mal, que, na realidade, não tem vida própria e que "o amor cobre a multidão de males", como não cansamos de advertir, queridos filhos.

Além desse efeito macro que há de gerar a proliferação do amor, o efeito individual é patente, pois aquele que libera de seu interior essa energia, essa luz divina que é o amor, é o primeiro beneficiado e o primeiro a se iluminar, libertando-se de miasmas e energias malignas que possam desequilibrá-lo.

Nunca é demais lembrar que, quando Pedro pronunciou a aludida frase, como iniciado essênio que era, estudante das ciências herméticas, conhecia o potencial interno das criaturas e a força do amor, quando direcionado por uma vontade firme e lastreado no conhecimento das causas e dos efeitos. Ele sabia que, quando a criatura consegue ter uma conduta amorosa, perdoando, compreendendo, tendo paciência, carinho, alegria, amizade por todos, quando passa a fazer aos outros o que deseja para si mesmo, ela se torna um "transformador vivo", capaz de irradiar energias luminosas que beneficiam sua própria saúde e a de seus irmãos.

Portanto, meus amados filhos, tornemo-nos médicos de nós mesmos e de nossos companheiros, sublimes peregrinos do amor. Façamos nossa parte, cumprindo o dever maior de amar a Deus acima de todas as coisas e ao próximo como a nós mesmos; assim, estaremos colaborando com o Cristo, nesse momen-

---

e dizei, do fundo do vosso coração, fazendo a Vontade do Pai, que está no Céu: 'Senhor! Senhor!', e podereis entrar no Reino dos Céus." Prefácio transmitido pelo "Espírito de Verdade", contido na obra *O Evangelho Segundo o Espiritismo*, de Allan Kardec.

to em que somos convocados a trabalhar por um mundo melhor.

Sejamos os "soldados sem armas" no exército do amor do Criador da vida[3] e alcançaremos, assim, a tão almejada *cura pelo amor.*
Paz e luz!

Bezerra de Menezes

---

[3] Expressão cunhada pelo espírito Navarana, na obra *Sementes do infinito*, da **EDITORA DO CONHECIMENTO** (nota do médium).

15

A reencarnação, qual invisível fio de Ariadne,[1] doado pelo Senhor dos mundos às suas criaturas, vai paulatinamente, porém de forma firme, conduzindo as almas em evolução à cura das mazelas que vão sendo carreadas pelos seres, por sua ignorância acerca da lei maior do amor, em suas primeiras experiências evolutivas.

O infinito carinho do Criador pelas criaturas vai lhes proporcionando, com a vivência de experiências sucessivas, luminosas oportunidades de retificação da trajetória e reparação dos erros cometidos. O espírito imortal, renascendo na carne tantas vezes quanto necessário, consegue abranger uma porção cada vez maior de consciência cósmica, o que vai lhe permitir, por meio do exercício do amor, passar de paciente a curador, tornando-se, assim, mais uma "mão invisível do Senhor", trabalhando em prol das humanidades ainda incipientes nas diversas "rondas da vida",[2] de que fala a escolástica hindu.

---

1 Conforme a mitologia grega, Teseu, um jovem herói ateniense, sabendo que sua cidade deveria pagar a Creta um tributo anual composto de sete rapazes e sete moças, para serem entregues ao insaciável Minotauro, que se alimentava de carne humana, solicitou ser incluído entre eles. Em Creta, encontrando-se com Ariadne, a filha do rei Minos, recebeu dela um novelo que deveria desenrolar ao entrar no labirinto, onde o Minotauro vivia encerrado para encontrar a saída. Teseu adentrou o labirinto, matou o Minotauro e, com a ajuda do fio que desenrolara, encontrou o caminho de volta. Retornando a Atenas, levou consigo a princesa (Fonte: Discionário Wikipédia).

2 Segundo Helena Petrovna Blavatsky, a fundadora da Sociedade Teosófica (1831/1891), a ronda é um período ou ciclo e se relaciona com os globos e com a cadeia planetária. Quando um globo passa por sete raças-raiz, diz-se que ocorreu uma ronda de globo. Quando a evolução passa por todos os globos de uma "cadeia

É o amor – esse sentimento divino, que não julga, não condena e muito menos fecha a nenhuma criatura a possibilidade de reconstruir seu destino, de forma energética e espiritual – uma verdadeira ponte de luz, que conduz o ser criado em sua peregrinação do átomo até o arcanjo sideral, e liberta-o dos condicionamentos psicológicos da retaguarda e de miasmas e energias deletérias que vão se acumulando nos momentos de desarmonia. Esse desequilíbrio mantém a criatura chumbada, até por uma questão de peso específico, às camadas vibracionais mais lentas e densas, impedindo-a de alçar voos mais altos rumo aos páramos celestiais.

Esse é o destino do filho amado e aguardado pelo Pai, após as infindáveis trajetórias, passando pelas existências físicas e por estágios em regiões espirituais, na sublime peregrinação rumo à saúde integral, guiado e sustentado pelo amor infinito de Deus.

Nem sempre as criaturas conseguem perceber esse mecanismo divino e amoroso que age em sua caminhada, por falta de visão e compreensão mais abrangentes da sequência de suas experiências reencarnatórias e do perfeito mecanismo de causalidade que os faz herdeiros de si mesmos, pois o amor dita: "A semeadura é livre, porém a colheita é obrigatória!". E, ainda: "Cada um receberá conforme suas obras!".[3]

Ora, amados amigos, nas primeiras fases de nosso desenvolvimento consciencial, por ignorância sobre a lei do amor, cometemos muitos equívocos no trato com Deus, com o próximo e conosco mesmos. Ficamos, depois, inapelavelmente jungidos aos efeitos, quase sempre dolorosos, advindos de nossa conduta desregrada na carne ou no astral, carreando as expiações e provas ditadas por nossa consciência, em que está indelevelmente registrada a lei divina que nos manda amar, amar e amar; sempre só amar!

O que muitos ainda não conseguem perceber e que acaba por gerar revolta e tristeza é que somos a soma dos erros e

---

planetária", diz-se que ocorreu uma "ronda planetária". Segundo Blavatsky, sete "rondas planetárias" formam um *kalpa* (ou *manvantara*) (nota do médium).

3 Alusões de Jesus de Nazaré, em seu evangelho, à lei do carma ou lei de causa e efeito, ação e reação, etc. O conceito de carma origina-se dos escritos esotéricos indianos intitulados *Upanichades*, que datam do século VII a.C. e está ligado intimamente ao livre-arbítrio, pois somos livres para agir bem ou mal, tendo que arcar, porém, com as consequências de nossos atos, sejam elas boas, sejam más (nota do médium).

A Cura pelo Amor

acertos do passado: somos e vivemos hoje aquilo que plantamos ontem, pois o amor de Deus por seus filhos é tão grande e magnânimo que jamais seria possível, como ainda pensam alguns, qualquer ato de punição, vingança ou mesmo de cobrança por parte do Supremo Arquiteto do Universo. Tudo é misericórdia, bem como oportunidade de progresso na balança divina, e a reencarnação é mais um dos instrumentos que Ele criou para nos possibilitar, por meio da transformação de nossas mazelas em virtudes, nossa harmonização com o cosmo, que traz a cura do corpo e da alma.

Quando se consegue abranger, em um golpe de vista, uma sequência de existências consecutivas do mesmo indivíduo, é possível perceber cristalinamente a matematicidade do processo cármico e o grande instrumento de cura do espírito pelo amor, que é a reencarnação, pois a pluralidade das existências proporciona ao ser, de forma certeira, alcançar seu objetivo maior: a felicidade no seio do Criador.

Começando praticamente do zero, com a bagagem milenar providencialmente velada em seu inconsciente, a criatura tem a oportunidade de reencontrar, muitas vezes sob o mesmo teto, algozes e vítimas do passado, em uma sublime oportunidade de reajuste por meio do amor, além da chance de se aliviar da carga de toxinas psíquicas, miasmas e energias deletérias aderidas aos seus corpos sutis, em sua missão de confeccionar a "túnica nupcial"[4] de que nos fala o Sublime Mestre Galileu.

Talvez o choque do retorno das falhas e equívocos perpetrados no passado reencarnatório venha eivado de dores e de difíceis desafios para a alma em busca do progresso. No entanto, tudo não passa de um luminoso mecanismo de *cura pelo amor*, cabendo a todos nós que já compreendemos a justiça das aflições[5] e a amorosa lei da reencarnação viver com dignidade os desafios que ela nos impõe, como aprendizado de vida e preparação para altos desideratos, sem revolta contra Deus. Nosso Pai tudo fez para que pudéssemos, nós mesmos, filhos ainda imperfeitos, sermos os artífices de nossa alegria e felicidade, caminhando, passo a passo, nas encarnações iniciais de

---
4 Mateus 22: 1-4.
5 Vide item 03, Justiça das aflições, do capítulo V, Bem-aventurados os aflitos, da obra *O Evangelho Segundo o Espiritismo*, de Allan Kardec.

dor e sofrimento, mas também nos superlativos aprendizados e na higienização de nossos veículos de manifestação, às vezes por meio da doença purificadora.

Sim, queridos filhos, esse é o grandioso significado da reencarnação como instrumento do amor; é ela que nos coloca frente a frente conosco mesmos, com a nossa responsabilidade cármica, segundo a lei de causa e efeito. E é por isso que vos concitamos a perceber o luminoso fio de Ariadne que nos liga ao que fomos ontem e nos conduz a um futuro radiante, curados totalmente de tudo aquilo que pode impedir nossa felicidade.

Aprendamos a ver as lições em tudo o que nos acontece, ou seja, as grandes oportunidades de crescimento espiritual que o Pai nos proporciona. E, quando a dor bater em nossa porta, por contingência de nosso estágio no mundo ainda de provas e expiações, que possamos olhar e analisar a situação com a "lente da reencarnação", pois dessa forma não mais nos consideraremos vítimas inocentes, responsabilizando a providência por nossas dificuldades e sofrimentos.

Estaremos convictos de nossa responsabilidade pela semeadura e, obviamente, da decorrente necessidade da colheita, como única forma de restabelecer o equilíbrio da "balança do amor", que, de maneira equânime, regula o caminhar dos mundos e de suas humanidades rumo ao destino final: a angelitude.

Assim, passo a passo, de encarnação em encarnação, iremos burilar nossa moral e sanar nossos veículos de manifestação, para que um dia, finalmente, curados pelas chances que nos são propiciadas pela reencarnação, possamos auxiliar o Criador do Universo no amparo e na condução de nossos irmãos mais novos.

Então, convictos de tudo o que representaram nossas experiências, mesmo nos momentos mais difíceis e de dores mais acerbas, poderemos agradecer e louvar ao Pai por sua infinita bondade e soberana inteligência e amor, ao nos presentear com a possibilidade das inúmeras reencarnações, tantas quantas forem necessárias para nos possibilitar a *cura pelo amor*.

Muita paz! Muita luz!

Bezerra de Menezes

16

Um dos instrumentos utilizados terapeuticamente pela providência divina para proporcionar ao espírito imortal a tão almejada *cura pelo amor* é recordar vivências pretéritas, rebuscar nos refolhos da memória espiritual atitudes, sentimentos e emoções dos mais variados naipes. Desde momentos de glória, alegria e intensa satisfação de desejos e apetites físicos, emocionais e mentais, até horas de dor e desespero, passando por situações de equívocos e erros – todos deixados para trás como alicerce de nossa constituição espiritual, pedacinhos de um grande quebra-cabeça, que constituem hoje nosso ser.

Abster-se da simples curiosidade acerca do que fomos ou não fomos, fizemos ou deixamos de fazer em nossas experiências transatas, é importante ao candidato à iluminação. O balizamento divino para sua trajetória, visando facilitar seu aprendizado e consequente transformação moral e espiritual, muitas vezes permite que *flashbacks* cheguem até o consciente, como medida terapêutica e pedagógica que lhe é proporcionada, a fim de auxiliá-lo no trato com as dificuldades inerentes à subida evolutiva.

Tais situações e *insights* do passado reencarnatório podem apresentar-se ao ser de várias formas, como, por exemplo, por meio da condução eficiente do terapeuta, que estimula o paciente a viver uma alteração de seu estado de consciência, levando-o a regredir até o momento crucial do passado que hoje pode constituir-se como barreira, trauma, neurose, enfim, um entrave psicológico para a continuidade de sua busca pela felicidade.[1]

Outro recurso utilizado pela lei do amor para proporcionar ao aprendiz a recordação do passado, quando se faz necessário, são as orientações de seus tutores espirituais e as imersões em seu "arquivo inconsciente", proporcionadas em desdobramento da personalidade, por meio do sono físico. Nessas ocasiões, recebe a alma liberta dos liames carnais as informações necessárias para retificar atitudes, sentimentos e pensamentos, visando a proporcionar-lhe um avanço mais rápido na peregrinação rumo à angelitude, destino final de todos os filhos de Deus.

Também por intermédio das práticas mediúnicas, o discípulo pode receber o auxílio amoroso para sua rápida *cura pelo amor*, tendo em vista que nos trabalhos espirituais terá oportunidade de conviver *in loco* com personagens que fizeram parte de seu passado e com os quais necessita urgentemente reconciliar-se, para que se cumpra o que determina a Lei de Harmonia Universal. Por meio do intercâmbio com esses companheiros de glórias e desditas do passado, muitas vezes nos chegam esclarecimentos fundamentais para alcançarmos a chave da felicidade que é o autoconhecimento, como, aliás, ficou insculpido indelevelmente no Templo de Delfos, na Grécia antiga: "Conhece-te a ti mesmo!".[2]

O conhecimento transcendental trazido ao aspirante à luz pode também, no caso das sessões mediúnicas, chegar por intermédio de uma "imersão anímica", ou seja, o discípulo, com a ajuda de seus guias, dilatando suas percepções, consegue captar dentro de si mesmo, nos refolhos do inconsciente, fatos, diálogos e até cenas completas eivadas de sentimento e emoções, que marcaram sua caminhada e que, na maioria das

---

[1] "É quando as vaias – leia-se dores – se tornam insuportáveis e não sabemos como corrigir, sequer definir as causas? Podemos acessar o vídeo de nossas vidas passadas, identificando – e reformulando – os vícios de interpretação que se tornaram crônicos, fazendo-nos candidatos reincidentes a vaias e assobios, e até saídas estratégicas pela porta dos fundos, perseguidos pelo ulular da plateia (de que ninguém até hoje, que se saiba, escapou). Eis o processo da Terapia de Vida Passada" (prefácio de Mariléa de Castro, na obra *Tempo de amar*, de Maria Teodora Ribeiro Guimarães, publicada pela **EDITORA DO CONHECIMENTO**.

[2] O dizer original: *Nosce te ipsum*! estava gravado nos pórticos do Templo de Apolo, na cidade de Delfos, na Grécia, sendo atribuída ao filósofo Sócrates. É considerada a pedra angular da filosofia de Sócrates e de seu método, a maiêutica.

vezes, demandam trabalho interior para equacionar as necessidades evolutivas de todos os envolvidos.

Eis, portanto, queridos filhos, mais uma manifestação do amor de Deus para com nossa caminhada, permitindo o recurso terapêutico da "regressão de memória" aos filhos que, pelo estudo e pela moralização contínua, já se encontrem em condições de receber tais recordações, sem o risco de comprometer o presente. Cabe-nos o trabalho árduo de construir a escada que leva ao futuro radioso que nos é de direito, por sermos filhos do Altíssimo, que nos ama e tudo faz para que possamos alcançar a *cura pelo amor*.

Porém, faz-se mister esclarecer que essa dádiva divina ainda não pode ser concedida a todos sem distinção, em decorrência da falta de lastro intelectual e moral que impera no orbe, pois a recordação do passado deve servir de trampolim para que no presente se construa o futuro, como nos têm esclarecido os mentores siderais. Se o ser humano deixar o sentimento de culpa, de orgulho ou mesmo de revanche invadir seu presente, poderá perder os benefícios que poderiam ser auferidos, tendendo a cristalizar-se em um passado que deve servir de lição para a vivência atual e para a caminhada futura, e nada mais.

Ninguém é *culpado* de nada, pois Deus não julga, não condena e muito menos castiga seus filhos queridos por pequenas experiências malsucedidas em seu aprendizado inicial. Ora, se o próprio Criador da Vida nos considera crianças espirituais em exercícios pedagógicos, é muito importante que as lembranças de encarnações já vividas não nos conduzam a uma posição de desequilíbrio e até de autopunição, que não nos levaria a lugar nenhum, anulando os efeitos positivos que poderíamos auferir dessas lembranças.[3]

Por outro lado, também é importante ressaltar que tais rememorações levarão ao encontro de seres que muito amamos ou odiamos, que muito ajudamos ou prejudicamos e que, invariavelmente, estão jungidos aos nossos destinos pela matemática e justa lei do amor ou lei de causa e efeito, que nos pede a obrigatória harmonização de uns com os outros, uma vez que o

---
3 Vide "Código penal da vida futura", capítulo VII, "As penas futuras segundo o espiritismo", da obra *O Céu e o Inferno*, de Allan Kardec.

Plano Divino é determinístico, no sentido de que, ao final da jornada evolutiva, deverá haver "um só rebanho, para um só Pastor"!

É muito importante ao ser que busca a alforria espiritual revestir-se dos valores morais contidos nos códigos espirituais trazidos pelos grandes avatares, particularmente os constantes na súmula da Lei Cósmica, trazida pelo Rabi da Galiléia em seu evangelho, que nos darão condições de lidar com os "dragões da alma" adormecidos em nosso inconsciente, trazidos à tona como instrumento de *cura pelo amor*.

São momentos importantes concedidos apenas depois de muitas encarnações sucessivas de busca e progresso espiritual, àqueles que já se encontram cansados de se perder em ilusões e utopias e, por isso, pedem ao Senhor da Vida uma visão da verdade, embora conscientes dos perigos e das dores que dela poderão advir. Importa, assim, armar-se o discípulo de muita fé em Deus, em si mesmo e no futuro radiante que o aguarda, aproveitar mais esse mecanismo e lançar-se com denodo ao trabalho renovador, pois como bem ditou amado companheiro de tarefas cósmicas:

> É uma coragem varonil da alma sobrecarregar-se pela memória dos erros passados. Caminham pela vida sentindo-se atormentados e sobrecarregados, invejando a paz relativa de seus irmãos. Entretanto, sentem que esta paz relativa não os satisfaz, pois estão entregues aos "Trabalhos de Hércules" da alma e bendizem o Senhor!

Muita paz!
Muita luz!

Bezerra de Menezes

17

Doença: estigma da imperfeição que ainda carregam muitos filhos do amor, em sua incessante busca por aprimoramento intelectual e moral, e que, muitas vezes, transforma-se na mola propulsora do avanço do ser em sua peregrinação rumo à consciência cósmica. Quantas e quantas vezes a doença não é o remédio para o espírito doente acordar para as verdadeiras realidades sobre as quais precisa conscientizar-se, para harmonizar-se com o ritmo amoroso do funcionamento do cosmo, sob pena de continuar sofrendo os reveses de suas próprias incúrias? Sim, porque, como há muito tempo concluíram os grandes pensadores, cientistas cósmicos que a Terra já recebeu: "Não existem doenças, mas sim doentes",[1] uma vez que a enfermidade, em todos os casos, apenas reflete a imaturidade e ignorância dos seres em relação aos princípios da ética espiritual e cósmica.

Aliás, mormente tendo em vista os progressos da física, alcançados no último século, não existe mais qualquer dúvida em relação ao fato de que o homem é um ser energético, que elabora seus conteúdos de energia por meio do pensamento e da vontade, como tão bem delineou Allan Kardec, há quase 150 anos, na obra *A Gênese,* de maneira que seria possível até, parodiando certo brocardo filosófico, dizer: "Dize-me o que pensas e

---

[1] Conceito desenvolvido, entre outros, por Samuel Hahnemann, considerado o pai da homeopatia. Vide obra *Fisiologia da Alma*, transmitida pelo espírito Ramatís ao médium Hercílio Maes, publicada pela **EDITORA DO CONHECIMENTO**.

o que sentes, eu te direi quais as doenças e desafios a que estás te candidatando no futuro".

Sim, porque a lógica cósmica do amor prevê que a cura do espírito doente deve ser processada pelo próprio interessado, dentro de parâmetros de responsabilidade para consigo mesmo e para com os outros, traçados pelas leis divinas para levar as criaturas ao patamar de construtores de seu próprio destino.

O primeiro passo para o doente iniciar o processo de cura é compreender que inexistem injustiças na contabilidade divina, pois nós mesmos efetuamos tal contabilização, energética e psicologicamente, no interior de nossa própria consciência, o que ocorre no mesmo momento em que praticamos qualquer ato, mesmo que somente de forma mental. Como seres de energia pura que somos, toda vibração emitida por nós vai desatar um efeito, correspondente e proporcional à sua intensidade, na energia cósmica, transformando-a de maneira benéfica ou maléfica, conforme a natureza do ato perpetrado. Dessa maneira, a compreensão das causas e dos efeitos pode possibilitar ao paciente uma atitude mental de equilíbrio, que evita o acúmulo de mais energia desregrada e malsã em seus corpos de manifestação.

É lógico, portanto, que tal mecanismo também opera na *cura pelo amor*, que Deus disponibiliza a seus filhos, no seu maravilhoso mister de nos levar a alcançarmos os patamares de felicidade e alegria, para os quais fomos por Ele criados, um dia. Portanto, é importante conseguirmos enxergar a "mão invisível" do Criador dos mundos, proporcionando ao espírito imortal as oportunidades sempre renovadas para sua alforria espiritual e para a drenagem das energias malsãs agregadas a seus corpos sutis, produto de seus próprios desregramentos.

Seguindo essa linha de raciocínio, podemos entender, então, por que a doença faz parte da *cura pelo amor*, como produto da misericórdia e incomensurável atenção do Pai, desde o momento de nossa criação, pois, como disse o inolvidável Mestre Nazareno: "O Pai não quer a morte do pecador, mas, sim, que ele tenha vida, e vida em abundância!".

É muito importante entendermos que a doença, na verdade, representa, na maioria das vezes, a grandiosa oportunidade do "pecador" para sua purificação e consequente felicidade, e que a dor nada mais é do que um sinal individual de imperfeição e desequilíbrio energético do espírito. Quando ele carreou para si uma grande quota de energias deletérias, elas precisam ser vertidas dos corpos sutis para o corpo físico, com o qual estão em contato molecular, para "limpar" esses corpos e alvejar a "túnica nupcial" que nos conduzirá aos planos e vibrações mais elevados do Universo.

Procuremos, então, o aperfeiçoamento moral, busquemos com todas as forças nos aprofundar no entendimento das causas que nos levam ao abençoado leito de dor.

Na verdade, é nos momentos de maior dificuldade e de acerba dor que se apresenta ao ser em evolução a necessidade de arregimentar todas as suas forças interiores, mobilizando energias internas para vencer o momento, o que, por si só, pode produzir a queima de miasmas e energias deletérias que o impedem de galgar os planos superiores da evolução. Esses momentos, se bem aproveitados pelo espírito, com resignação e paciência, produzem normalmente uma modificação radical na estrutura psicológica e energética dos indivíduos, não somente pela ação magnética de desintegração de miasmas e de energias deletérias ora aludida, mas também pelas grandes reflexões e momentos de interiorização a que o doente obrigatoriamente se vê conduzido.

Quantas vezes, amados filhos, o leito de dor torna-se o abençoado tabernáculo[2] onde o filho finalmente encontra o Pai, do qual se distanciara, distraído pelas coisas e situações exteriores, como aludiu o Mestre Jesus na parábola do filho pródigo, iniciando assim a jornada de retorno à Casa Paterna e, conseqüentemente, se aproximando, mais e mais, de sua condição de futuro arcanjo sideral, em condições de derramar a sabedoria e o Amor a todos aqueles com os quais for chamado a laborar dentro do eterno e luminoso esquema Divino, que é todo Amor, como podem perceber aqueles que desenvolvem os "olhos de ver" e os "ouvidos de ouvir" de que nos falava profeta Isaias.

Portanto, meus queridos companheiros de jornada evolutiva, que possamos adquirir consciência do verdadeiro significa-

---
2 Lugar sagrado (nota do médium).

do da doença em nossa caminhada, como bendito mecanismo de redenção moral e energética. Que não a procuremos, pois o fardo que carregamos em cada existência é proporcional às nossas possibilidades de carregá-lo, como providencia o departamento reencarnatório[3] ou os "senhores do carma", como são chamados na Índia os anjos tutelares de nossas caminhadas pelo infinito,[4] que procuram dosar a carga de dores e desafios a que seremos submetidos em cada encarnação.

E, se ela vier, se a doença acerba bater em nossa porta, que possamos compreender seu significado em nossos caminhos, para aproveitar bem mais essa oportunidade da *cura pelo amor*!

Paz e luz!

Bezerra de Menezes

---

3 Departamentos reencarnatórios são citados na obra *Nosso Lar*, transmitida pelo espírito André Luiz ao médium Francisco Cândido Xavier.
4 Os senhores do carma são inteligências benfazejas que, no plano do Logos, agem como árbitros do carma. Eles não recompensam nem punem, limitam-se a ajustar a operação das forças do próprio homem, a fim de que o carma o ajude a dar um passo adiante. Extraído do capítulo IV, A lei do carma, da obra *Fundamentos da Teosofia*, de C. Jinarajadasa, Editora Pensamento.

18

Queridos amigos:

Diante do esquema amoroso engendrado pelo Criador da Vida para ajudar às suas criaturas na árdua caminhada rumo aos píncaros da luz, não poderíamos deixar de ressaltar a grandiosa missão que sempre foi desempenhada pela medicina convencional, ou alopática – como denominada vulgarmente nos dias de hoje. Todos nós temos uma dívida sagrada com os "filhos de Hipócrates"[1] e precisamos louvar o imenso e amoroso trabalho dos verdadeiros "sacerdotes da medicina", que, em todas as eras, entregaram suas vidas à tarefa de aliviar as dores de seus irmãos de caminhada.

Quantos homens e mulheres valorosos dedicam existências inteiras à tarefa de curar seus companheiros de jornada? Quantos não dedicaram milhares e milhares de horas de trabalho à pesquisa farmacológica e terapêutica, impulsionados por uma força maior chamada amor, levando o bálsamo e a esperança para aqueles que sentem dores cruciantes, advindas da frágil constituição carnal? Todos eles são instrumentos da *cura pelo amor*, uma vez que foi sempre esse sentimento que cunhou esses verdadeiros gigantes de nossa história médica. Os médicos, movidos pelo sentimento maior, dedicam-se à humanidade,

---
1 Hipócrates (460 a 377 a.C.), natural da Grécia, é considerado por muitos uma das figuras mais importantes da história da saúde, frequentemente considerado o "pai da medicina". Hipócrates era um asclepíade, isto é, membro de uma família que, durante várias gerações, praticara o cuidado da saúde (Enciclopédia Wikipédia).

renunciando, muitas vezes, à vida mundana e às ilusões da matéria para se lançarem ao trabalho hercúleo de conquistar o conhecimento da fisiologia humana e das maneiras de corrigir os desequilíbrios nela instalados.

Hoje, a humanidade vive dias gloriosos, adentrando na era dos transplantes de órgãos e de tecidos, das clonagens, da pesquisa com as células-tronco, da micromedicina, das operações a laser e dos diagnósticos computadorizados, entre outros recursos que vêm surgindo, somados ao extraordinário progresso da farmacologia, no combate aos agentes destruidores do equilíbrio físico das criaturas.

Todo esse processo é comandado pelo Pai, visando possibilitar a seus filhos da Terra uma sobrevida e, consequentemente, maior aproveitamento da lição reencarnatória, elevando sobremaneira a perspectiva de vida, em relação aos séculos passados.

As ventosas, as mochas, os "sugadores", enfim, os antigos métodos também cumpriram seu papel na história da medicina humana; hoje, contudo, cedem lugar a complexos tratamentos quimioterápicos, radiológicos e antibióticos que combatem os agentes causadores das doenças que outrora dizimavam populações inteiras, sem que se pudesse adotar qualquer atitude no sentido de, ao menos, diminuir as dores.

Hoje, as vacinas, representando um grande avanço no campo da imunologia, garantem às crianças uma infância sadia e cheia de oportunidades de crescimento e de cumprimento de seus ideais reencarnatórios, coisa que há bem pouco tempo parecia impossível, dado o grande coeficiente de mortalidade infantil, derivado de doenças congênitas, viroses, micróbios e bactérias que vicejam na atmosfera do orbe.

Em que pese nossa crença espiritualista e nossa confiança na medicina maior, aquela que possibilita a cura total, ou seja, a adesão incondicional ao evangelho de Jesus, cantemos hosanas aos chamados "homens de branco", que em todas as áreas da medicina labutam para garantir a saúde física dos seres humanos. São os heróis anônimos, são "missionários do Cristo", muitas vezes trabalhando anonimamente ao lado de uma maca, de um leito de pronto-socorro ou enfrentando a complexidade da unidade de terapia intensiva, a bendita UTI, onde muitas vidas se transformam ante o choque da dor superlativa.

Agradeçamos a Deus, também, pela dedicação e o denodo que os profissionais de enfermagem demonstram em seu apostolado, verdadeiros "cirineus[2] da medicina", ajudando criaturas combalidas, caídas no leito de dor, a carregar a cruz, muitas vezes dilacerante, representada pelas doenças físicas e mentais que assolam a humanidade. Abençoa, Cristo, esses seres maravilhosos, que quase sempre acompanham os doentes em seus momentos de maior dor e solidão, na calada da noite, sempre atentos e solícitos em sua faina de verdadeiros anjos a serviço da *cura pelo amor.*

E, assim, graças à infinita misericórdia do Criador, segue a medicina alopática em sua tarefa de diagnosticar, medicar, costurar, implantar, enfim, possibilitar aos espíritos reencarnados a continuidade da prova terrena e a melhoria da experiência na carne, de maneira que cumpram o objetivo que os trouxe a este mundo-escola: caminhar cada vez mais rápido para a felicidade.

Passo a passo, a medicina vai galgando um conhecimento maior sobre a etiologia das doenças; novos compostos vão sendo descobertos; técnicas cada vez mais sofisticadas vão garantindo aos profissionais da área médica um avanço considerável em relação à cura ou, pelo menos, o alívio de doenças que, até bem pouco tempo atrás, eram consideradas incuráveis. Pelo que se vê, não tarda a chegada de soluções eficientes para os dois grandes males da humanidade ainda não debelados: a AIDS e o câncer.

Quanta alegria e esperança essa visão traz para a humanidade da Terra! Como é bom perceber que o Pai nos trata com inigualável carinho, pois, apesar de desejar que nos tornemos fortes por nossas próprias experiências, tudo faz para atenuá-las, na medida do possível, derramando luz e consolo a mancheias em todos os aspectos de nosso viver.

Sempre, ao lado da cada dor, Ele coloca o bálsamo, o alívio, a esperança, a *cura pelo amor.*

Muita paz! Muita luz!
Bezerra de Menezes

---

2 Cirineu significa natural da cidade de Cirene. Simão Cirineu foi o homem que ajudou Jesus a carregar sua cruz até o Gólgota, tornando-se, então, símbolo daqueles que auxiliam as pessoas em seus momentos de grandes dificuldades (nota do médium).

Amados filhos:

Vamos chegando ao final desta nossa humilde tarefa e sentimos enorme gratidão ao Pai Celestial, ao irmos percebendo, com mais profundidade, a verdadeira extensão de seu infinito amor por todos nós, suas criaturas em peregrinação pelo Universo, nessa procura da felicidade maior, que é estarmos conscientemente ligados a Ele, em seu reino que está dentro de nós. A alegria de ir penetrando nos meandros de Seu amor faz nossa caminhada mais leve, pois finalmente desponta a grande luz interior que passa a nos guiar na faina evolutiva.

Diante do leque de alternativas oferecidas aos homens para a conquista da saúde, despontam, nessa virada de ciclo, as terapias ditas "alternativas",[1] mas que, na verdade, são, em essência, outros caminhos idealizados por nosso amado Pai, para que possamos alcançar a *cura pelo amor*.

Lastreadas no conhecimento oriental milenar sobre o homem interno e sobre as infinitas potencialidades de "autocura" de que dispõem a psique e o organismo humano, chegam as técnicas psicossomáticas, chamadas "alternativas", em um mundo materializado e distante da verdade espiritual, onde os seres ainda cumprem o doloroso retorno cármico, por meio de

---
1 Conjunto de práticas de diagnose e terapia que seguem práticas diversas da "alopatia" ou medicina convencional; pode também significar as práticas de cura via métodos metafísicos ou espirituais, diferentemente das práticas médicas convencionais (nota do médium).

agulhas, injeções e cirurgias contundentes que se, a bem da verdade, auxiliam bastante os processos de saneamento físico e mental dos seres, acabam, na maioria das vezes, trazendo efeitos colaterais.

Por outro lado, quando se deixa de lado a necessidade de utilizar o amor no processo de cura, representado pela transformação intelectual e moral do indivíduo, na maioria dos casos acaba-se tratando apenas a superficialidade da doença, ou seja: tratam-se os efeitos, e não as causas mais profundas.

É por esse motivo que os comandantes planetários, ante o período de grandes transformações por que passam o orbe e sua humanidade e diante do bom nível moral alcançado por uma boa parcela de seus moradores, permitiram a chegada da visão sobre o "homem integral",[2] sobre a realidade do "soma" e do "psicossoma", em que se fixa a gênese de todas as enfermidades que atormentam as criaturas, segundo dita a sabedoria milenar do Oriente. Dessa maneira, a proposta dos "novos" métodos de cura, tendo como base a auscultação do lado psíquico das criaturas, vai cumprindo a luminosa missão de oferecer, por amor e com amor, condições mais amenas de vida e, ao mesmo tempo, mais profundas de cura aos seres do planeta azul.

Alguém já disse que Deus não criou a "lei da dor", mas, sim, a "lei de amor", que oferece ao espírito "culpado" a chance de retificação, sem que exista uma absoluta necessidade de sofrer a dor do retorno de suas ações equivocadas do pretérito.

É nesse contexto que as terapias e profilaxias mais energéticas e mentais despontam como demonstração da misericórdia divina, proporcionando aos homens meios de cura e de autocura mais consentâneos com o novo nível evolutivo alcançado, respeitando a lei de eletividade, como uma espécie de "prêmio" àqueles que lutaram, caíram e levantaram, realizando – ou pelo menos iniciando – a grandiosa e imprescindível tarefa de transformação moral.

São os vanguardeiros da evolução, os homens e as mulheres da nova era, eletivos a esse novo tipo de *cura pelo amor*,

---

2 Vide a obra *O Homem Integral*, transmitida pelo espírito Joana de Angelis ao médium Divaldo Pereira Franco, publicada pela Livraria Espírita Alvorada Editora.

pois são aqueles que apresentam condições psíquicas e morais mais equilibradas, podendo, assim, livrar-se do fantasma das incisões cirúrgicas, das quimioterapias, das radioterapias, das injeções dolorosas, enfim, dos processos ainda traumáticos que imperam na área da saúde em nosso mundo.

Por outro lado, é fundamental atentarmos para o fato de que tais processos ditos alternativos, na maioria dos casos, trabalham com a realidade energética e espiritual dos seres humanos, buscando nas camadas mais profundas do ser as causas verdadeiras das doenças, as quais, quando eliminadas, garantem a cura definitiva, e não apenas um *adiamento de seus efeitos*. Aliás, como dita o conhecimento iniciático do passado, quando a doença espouca na carne provisória, ela já vinha efetuando há muito tempo sua "viagem", desde os veículos sutis, onde verdadeiramente se instalam os desequilíbrios energéticos que geram as enfermidades.

Portanto, quando se trabalha apenas a sintomatologia externa, sem considerar a realidade espiritual da criatura e sem que seja assumido o sincero compromisso por parte do paciente de modificar seu padrão vibratório, ou seja, sem a paralela moralização da criatura, a terapêutica torna-se apenas mais um paliativo, refreando a energia deletéria acumulada pelo ser. Ela, provavelmente, irá se manifestar de novo, assim que as condições permitirem, na mesma etiologia ou por meio de outras enfermidades, como bendita válvula de escape de tudo aquilo que atrapalha a felicidade do espírito.

É assim que, dentro do grande esquema de intercâmbio entre o Oriente e o Ocidente, propagam-se terapias e profilaxias mais amenas e muito mais eficientes para a cura definitiva, considerando-se sempre os estados emocionais, mentais e espirituais das criaturas e propondo sua espiritualização, como o mais efetivo método de cura definitiva do espírito, pois, como bem asseverou o Mestre Jesus aos "pecadores" de todas as épocas: "Vai e não peques mais, para que não te aconteça algo pior!".[3]

---

[3] "Os escribas e fariseus trouxeram à sua presença uma mulher surpreendida em adultério, fazendo-a ficar de pé no meio de todos e disseram a Jesus: 'Mestre, esta mulher foi apanhada em flagrante adultério. E na lei nos mandou Moisés que tais mulheres sejam apedrejadas; tu, pois, que dizes?'. Mas Jesus, inclinando-se, escre-

Agradeçamos sempre ao Criador por seu infinito amor e solicitude para conosco. Façamos a parte que nos compete, utilizando todos os métodos e caminhos que Ele nos abre, para que em breve possamos planar pelo cosmo como espíritos purificados, livres das doenças e dos desequilíbrios que nos incomodaram na subida.

Muita paz!
Muita luz!

Bezerra de Menezes

---

via na terra com o dedo. Como insistissem na pergunta, Jesus se levantou e lhes disse: 'Aquele que dentre vós estiver sem pecado seja o primeiro que lhe atire pedra'. E tornando a inclinar-se, continuou a escrever no chão. Mas, ouvindo eles esta resposta e acusados pela própria consciência, foram se retirando um por um, a começar pelos mais velhos até os últimos, ficando só Jesus e a mulher no meio onde estava. Erguendo-se Jesus e não vendo ninguém mais além da mulher, perguntou-lhe: 'Mulher, onde estão teus acusadores? Ninguém te condenou?'. Respondeu ela: 'Ninguém, Senhor!'. Então, disse-lhe Jesus: 'Nem eu tampouco te condeno; vai e não peques mais'" (João 8: 3-11).

20

O amor, energia primeva da criação, porção do próprio Ser Supremo que banha toda a engrenagem cósmica, leva a criatura dos níveis primários da evolução até o resplandecer do arcanjo sideral, cônscio de suas responsabilidades cósmicas e harmonizado com tudo que compõe a infinita obra do Pai.

É o amor que permite às criaturas estagiarem em posturas muitas vezes equivocadas, em relação à vida e a si mesmos, mas que, ao mesmo tempo, trazem-lhes o aprendizado necessário para o exercício de sua cidadania cósmica. Essas experiências tornar-se-ão o alicerce para o trabalho que lhes caberá realizar junto às humanidades incipientes que, em seus primeiros passos rumo à felicidade, necessitam de amparo e orientação de irmãos mais velhos que possam balizar as estradas que os levem a um patamar de mais alegria, equilíbrio, harmonia e, conseqüentemente, de maior felicidade.

Por mais paradoxal que possa parecer para os seres humanos ainda ignorantes do maravilhoso mecanismo que rege o cosmo, é o amor que se encarrega, invisivelmente, de ativar as grandes transformações planetárias, como a que está em processo neste momento no globo terrestre,[1] permitindo aos seres que aqui estagiam, nas diversas dimensões, a oportunidade de

---

[1] "Posso dizer que já estais vivendo essa época, anunciada pelas profecias milenárias, por João Evangelista, no Apocalipse, e, principalmente, por Jesus, na síntese simbólica que nos legou em seu evangelho." Trecho extraído do capítulo 1, "Os tempos são chegados", da obra *Mensagens do Astral*, transmitida pelo espírito Ramatís ao médium Hercílio Maes, publicada pela **EDITORA DO CONHECIMENTO**.

dar um salto à frente e habitar um mundo higienizado e mais harmonizado com a lei maior. Um planeta onde a solidariedade e a fraternidade imperem, permitindo aos seus habitantes uma convivência tranquila e uma condição mais amena para continuarem em busca da felicidade.

Em verdade, queridos filhos, é o amor que, com bilhões de anos de antecedência, incentiva e promove a elaboração de planos cósmicos, prevendo o destino dos mundos e de suas humanidades, determinando as linhas gerais de desenvolvimento das consciências que estagiarão nos orbes, sempre respeitando o livre-arbítrio de cada ser, na construção de sua caminhada individual.[2]

É o amor que promove as condições necessárias para o desenvolvimento individual e coletivo das humanidades, mesmo que as mudanças de ciclo, às vezes, ocorram de forma traumática para alguns e necessitem da contundência dos elementos para levar as criaturas, ainda distraídas pela identificação com tudo o que é passageiro e efêmero, a uma reflexão e a um despertar em relação à sua verdadeira condição de espírito imortal. Às vezes, na caminhada do ser, o amor age como o "aguilhão de Paulo",[3] ou seja, como o bendito alarme que demonstra ao viajor distraído com as belezas e sensações da estrada que é importante seguir em frente, abandonando aquilo que serviu para seu progresso, mas que, em determinado momento, torna-se um empecilho.

Nesses momentos de transformações planetárias, como o que agora estamos vivenciando, muitos seres humanos revoltam-se contra o Criador e as criaturas irmãs, justamente por não compreenderem os mecanismos de que o amor se utiliza para promover a cura planetária. As criaturas, por falta de

---

2 Vide capítulo 17, "Os engenheiros siderais e plano da criação", da obra *Mensagens do Astral*, transmitida pelo espírito Ramatís ao médium Hercílio Maes, publicada pela **EDITORA DO CONHECIMENTO**.
3 "Dura coisa é recalcitrares contra os aguilhões" (At 26:14). O aguilhão é também conhecido como ferrão, aquele instrumento usado pelo fazendeiro para comandar os bois. Quando o boi é tocado pelo aguilhão, geralmente dá coices, pois a ponta afiada lhe fere as carnes. Porém, com o coice a ferida se torna mais profunda e aumenta a dor. Paulo estava agindo com remorso, e isso lhe trazia dor e angústia. Ele só seria plenamente feliz quando deixasse de resistir e compreendesse o alerta da dor. Vide a obra *Paulo e Estevão*, transmitida pelo espírito Emmanuel ao médium Francisco Cândido Xavier, publicada pela Federação Espírita Brasileira.

visão de conjunto, interpretam as dores acerbas por que passam e a inclemência da natureza, com seus tsunamis, furacões, vulcões, secas, geadas, chuvas etc., como falhas divinas ou abandono por parte do Criador, que no entendimento equivocado de algumas criaturas, não estaria cumprindo seu papel de "proteger" os homens e lhes proporcionar uma vida tranquila e isenta de dificuldades.

Também existe, nesse momento de transformações, uma grande incompreensão e até certa revolta das pessoas no que se refere às atitudes antifraternas e animalizadas de muitos companheiros de jornada, que se manifestam por meio de crimes, vícios, tráficos e da violência generalizada que assola o planeta, fatores que, segundo algumas pessoas ainda ignorantes das verdades espirituais, atestariam a falência de Deus ou sua inexistência nos moldes que as religiões apresentam. Alegam tais pessoas que, se o Ser Supremo existisse mesmo, não poderia permitir tanto sofrimento e tamanhas dificuldades materiais para seus filhos.

Ora, amados irmãos de caminhada, é importante que todo aquele que adentrou a senda compreenda a grande verdade anunciada pelo apóstolo há mais de dois mil anos, quando declarou de forma simples, concisa e irretorquível: "Deus é amor!".

Se o Ser Supremo é puro amor, bondade, misericórdia e, acima de tudo, inteligência, é óbvio que o contexto descrito faz parte de uma grande estratégia divina para conduzir seus filhos à *cura pelo amor*, liberando o conteúdo luminoso que cada pessoa tem em seu interior, a "chama crística", que se constitui como a essência interna que é apanágio do filho e que lhe foi concedida pelo Pai para sua felicidade, no ato da criação.

Para obter o amor, muitas vezes, é preciso que o "aguilhão de Paulo" seja ativado pela própria "lei de retorno" ou de "causa e efeito" e se torne a ferramenta que leva o espírito distraído em relação às verdades eternas à busca pela luz interior, pela força de que precisa para superar momentos de intensa dor e dificuldade. Esse despertar para a solidariedade, para a união, para a necessidade de paz e para uma vida sem vícios e sem violência, às vezes, paradoxalmente, ocorre por meio da desunião, da guerra, dos vícios e da violência, uma vez que existe em todas as criaturas uma irresistível vontade de ser feliz, como escreveram as entidades venerandas que auxiliaram o codificador do espiritismo em sua obra basilar.[4] Dessa maneira age o amor, permitindo que as próprias mazelas causadas pelas criaturas sejam as lições e as oportunidades de ajustes internos que as levem à alteração de comportamentos, moralizando, assim, paulatinamente, as humanidades, em sua infinita peregrinação sideral.

Esse movimento amoroso é justamente o mecanismo que se encontra em ação no planeta, nesta hora apocalíptica, em que, sob a batuta dos engenheiros siderais, processa-se a transformação que elevará a Terra a um patamar evolutivo superior ao de agora. As dores e dificuldades que se apresentam constituem, dessa forma, oportunidades de *cura pelo amor*, em relação às doenças da alma, que trazem o sofrimento aos seres nos degraus inferiores de sua evolução espiritual.

Percebamos o amor infinito permeando tudo e todos; tenhamos a certeza de que o Pai Supremo jamais nos abandona e de que suas leis equânimes e perfeitas nos garantem a possibilidade de nos curarmos de todas as excrescências aderidas ao nosso ser, produto dos equívocos inerentes à ignorância, próprios dos primeiros estágios de nosso caminhar pelas diversas reencarnações.

Compreendamos que as calamidades fazem parte de um grandioso ajuste cósmico que tem como finalidade adequar este mundo à nova realidade luminosa que se instalará em breve, proporcionando-nos um planeta melhor, tanto material quanto moralmente, onde possamos continuar nosso aprendizado. Entendamos que as almas irmãs que nos causam dificuldades e perplexidade pelas atitudes antifraternas e animalizadas que ainda manifestam são, em verdade, companheiros de jornada, buscando também encontrar a harmonia, a alegria e o entendimento sobre Deus, sobre si mesmos e sobre seu papel no Universo.

Amemos, queridos irmãos, deixemos que essa força inte-

---
4 Alusão à obra *O Livro dos Espíritos*, de Allan Kardec, primeiro livro espírita, editado em 17/04/1857 (nota do médium).

rior se expanda de nosso ser e auxilie a nós mesmos e aos nossos irmãos na travessia do momento decisivo que vivem a humanidade e o planeta. Deixemos de lado qualquer pensamento ou sentimento de revolta e a sensação de que, em algum momento, estejamos abandonados ao léu, em nossa peregrinação rumo à luz. Ao contrário, agradeçamos sempre ao Ser Supremo por nos possibilitar a *cura pelo amor*, individual, coletiva e planetária.

Muita paz!
Muita luz!

Bezerra de Menezes

Universalismo
Projeto Bandeirantes da Luz

O Projeto Bandeirantes da Luz[1] é uma proposta que objetiva implantar o universalismo no orbe terreno, por meio da *unificação no amor* e não no conhecimento, derrubando barreiras, preconceitos, dogmas e sectarismos que ainda dividem os seres humanos deste mundo, por motivo de crença. Essa proposta visa unir os filhos de um mesmo Pai deste planeta, sem distinção de credo, raça, cor, posição social, doutrina ou religião que possam professar, como tem sido sugerido por todos os luminares que viveram neste planeta, no decorrer das eras.

O objetivo do projeto é aproveitar tudo aquilo que cada uma das religiões, credos, filosofias ou doutrinas trazem de bom para ajudar a humanidade, unindo-as, para transformar este planeta em um lugar mais feliz e tornar a humanidade mais amorosa.

Urge que a unificação seja buscada por todos os amigos da luz, irmãos em Deus. É importante, para essa amorosa tarefa, que nos coloquemos à disposição das forças do bem que envolvem o orbe, neste momento de definições, vividas intensamente a cada minuto, a cada segundo do tempo terreno.

Espíritas, budistas, hinduístas, muçulmanos, teosofistas, rosa-cruzes, protestantes, umbandistas, xamanistas, católicos,

---

[1] Compilação extraída de ensinamentos dos espíritos Ramatís e Navarana, coordenadores do Projeto Bandeirantes da Luz na Terra.

enfim, todos os segmentos, todos os afluentes do "rio do conhecimento" são convidados a deixar de lado os pontos controversos que os afastam atualmente e buscar a *unificação* naquilo que é apanágio de todos, ou seja, a procura da "reforma íntima", a transformação interna do ser humano, na construção do ser integral, amoroso e altruísta, que implantará na Terra a era de paz e concórdia, tão aguardada pela humanidade, há muitos e muitos milênios.

Pontos conflitantes deverão ser deixados de lado, neste momento, como a reencarnação, a comunicabilidade dos espíritos, a existência de Céu, Inferno, penas eternas ou provisórias, a diversidade da forma, dos rituais, das evocações, enfim, as diferenças de enfoque que as várias correntes, ou melhor, os vários "afluentes" trazem em seu bojo.

Propõe-se que o trabalho seja de conscientização de que o que o mundo precisa urgentemente é de muito amor, carinho, compreensão e perdão, para melhorar o clima psíquico e energético em que vivemos mergulhados.

As divergências existentes poderão ser aplainadas, diríamos assim, em um segundo momento, quando o homem, em um planeta já higienizado e purificado, puder, então, gozar de um equilíbrio moral e energético muito maior, no desenrolar natural dos acontecimentos. Dessa forma se poderá levar a humanidade à unificação do conhecimento sobre os aspectos esotéricos da vida. Haverá um campo mental propício para a propagação e para a assimilação dos conceitos transcendentais, por aqueles que habitarem a *"Nova Jerusalém"*, o planeta renovado pelo amor e pela concórdia, neste terceiro milênio.

Evitemos tentar impor nossos conhecimentos e nossa verdade aos companheiros que participam de outros segmentos filosóficos, religiosos, artísticos ou científicos, ou seja, aqueles que não comungam de nossos pontos de vista, pois, nesse caso, o projeto unificador estará fadado ao insucesso.

Esse esforço fraterno necessita de vozes fortes e decididas que possam demonstrar para as criaturas a importância e a beleza que se encontram encerradas em todas as religiões e doutrinas filosóficas, artísticas e científicas, pois tudo vem de Deus, a "causa primária", que é soberanamente bom e, acima de tudo, infinitamente amoroso. O Projeto Bandeirantes da Luz é uma proposta de união, pois o fim maior desta epopeia cósmica vivida pelo espírito imortal é a *unificação* de tudo e de todos. Este projeto se propõe a ser mais uma pequena fagulha de luz que procura disseminar essa conscientização.

Este amoroso movimento haverá de crescer e se alastrar, "como a vibração de uma pedra atirada no lago, provocando círculos concêntricos", levando a muitos a alegria e o entusiasmo, pela propagação da luz e do amor, que unirá cada vez mais os seres humanos da Terra, em torno dos ideais de solidariedade e fraternidade, trazidos e acalentados pelos avatares que viveram à luz da atmosfera terrestre, em todos os tempos, como o foram Antulio, Krishna, Hermes, Buda, Moisés, Sócrates, Jesus, Maomé, Zoroastro e tantos e tantos outros que por aqui passaram no decorrer das eras.

Esta é, portanto, a mensagem que vibra o Projeto Bandeirantes da Luz:

Unifiquemo-nos no amor! Unifiquemo-nos na luta contra nossas imperfeições!
Unifiquemo-nos no combate aos nossos vícios!
Unifiquemo-nos na caridade e na verdadeira fraternidade!

Assim, em breve, todos nós poderemos colher os frutos dessa maravilhosa e importante tarefa.
É toda uma humanidade para amparar e transformar! É todo um planeta para unificar!
Sejamos cada um de nós, também, soldados sem armas, neste "exército de luz" dos Bandeirantes da Luz.

O Bandeirate da Luz

Meus amados irmãos da Terra:

Quem são os Bandeirantes da Luz? Eu? Você? Nós? Meu pai? Meu irmão? Meu amigo?

Quem serão estes desbravadores, amigos da luz e da verdade, que, em todos os tempos, lançaram-se contra a corrente da incompreensão humana, enfrentando oposições às vezes encarniçadas para plantar a bandeira do universalismo, da fraternidade e da união entre os filhos do mesmo Pai? Onde estarão?

Na verdade, Bandeirante da Luz é todo aquele que encontra o "tesouro oculto", a "pérola escondida",[1] ou seja, é todo aquele que é tocado interiormente pela energia cósmica e universalista do amor divino e descobre, sente em si a necessidade premente de buscar seus irmãos e companheiros desta estrada cósmica, que se estende por muitas moradas da "Casa do Pai", na busca incessante por felicidade, o "troféu" de luz que premia os ingentes esforços da criatura, em sua escalada evolutiva.

Eles estão nos lares, nas fábricas, nos escritórios, nas ruas, enfim, no cotidiano da humanidade terrestre.

Seja você também um soldado sem armas, neste "exército

---
1 "Tesouro oculto", "pérola escondida", "Reino de Deus" são algumas das formas como Jesus de Nazaré se referia ao Deus Interno, o "Namaste" dos hindus, ou seja, a força divina que cabe a todo ser libertar para alcançar a "consciência cósmica" (nota do médium).

de luz", seja um Bandeirante da Luz e colabore com o Criador, com seus irmãos e com você mesmo, nesta grande viagem em busca do *Eu Sou* dentro da criatura.

Busque nas doutrinas luminosas que se alastram, neste momento de definição planetária, os instrumentos para a arrancada em busca da unificação.

Siga em frente, Bandeirante da Luz, nós estamos com você, e uma multidão de invisíveis "trabalhadores do amor" o acompanhará em todos os instantes de sua empreitada.

Seja um Bandeirante da Luz em casa, no trabalho, na rua, no clube, no mundo, no Universo! Cumpra seu papel no cosmo, hoje e sempre!

Muita paz!
Muita luz!

Navarana

Anais do Akasha
DANIEL MEUROIS-GIVAUDAN
Formato 14 x 21 cm • 152 p.

Há milênios, místicos e exploradores do invisível têm afirmado possuir a capacidade de deslocar sua consciência entre os meandros do tempo. Daniel Givaudan é um deles. Mas o que o autor apresenta aqui não são os resultados dessa busca, como em seus 26 livros anteriores: é o próprio roteiro detalhado dessa fascinante imersão nas memórias do espaço-tempo. Com cristalina simplicidade, ele nos faz compartilhar passo a passo de todas as facetas de sua fantástica experiência, detalhando de que maneira se ouve e se compreende as línguas ancestrais de cenas longínquas; como é possível deslocar-se para diante ou para trás no fio do tempo; quais os riscos dessas extraordinárias jornadas; como funciona o átomo-permanente, o *banco de dados* eterno do ser humano, a natureza do carma, do éter e a psicometria.

Sem nada ocultar, Givaudan nos torna cúmplices desse mergulho no coração do tempo, e não receia falar do que constitui o colossal "cartão de memória" do Cosmo – o akasha –, e de suas visões dos "neurônios de Deus", nem do espírito planetário e sua memória, ou dos guardiões do Umbral da memória, enfim, da estrutura e fisiologia secretas do Universo, com a tranquilidade convincente de quem *esteve lá*. E ainda conduz o leitor a refletir sobre a natureza da realidade e sua estranha tessitura.

Mais do que uma obra inédita, *Anais do Akasha* é, portanto, um salto magnífico no rumo da anatomia oculta do Universo que, com toda certeza, irá surpreender o leitor.

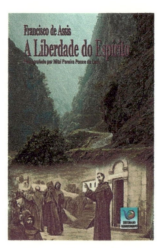

A Liberdade do Espírito
FRANCISCO DE ASSIS/MITZI PONCE DE LEON
Formato 14 x 21 cm • 160 p.

São Francisco de Assis foi um exemplo vivo de fé e serviço voltado para a caridade. Poderia ter vivido toda uma existência de abastança e tranqüilidade, já que era filho de um negociante italiano bem-sucedido, mas preferiu entregar-se à assistência aos doentes e necessitados, ainda muito jovem, numa época em que os povos da península itálica viviam em constantes conflitos. Prisioneiro de guerra, e gravemente enfermo, o que o abalou profundamente, teve então a oportunidade de ver apuradas as suas mais íntimas qualidades, dando início a uma luminosa carreira monástica. Esta obra, A Liberdade do Espírito, ditada pelo próprio Francisco de Assis à médium Mitzi Ponce de León, dirigente da Cruzada Espiritual Feminina do Rio de Janeiro, vem somar-se à vasta literatura espiritualista, de maneira a enriquecer tudo o que já foi publicado sobre a vida e obra deste excelso missionário de Jesus na Terra, fazendo-nos lembrar que a Lei do Amor dignifica, eleva, envolve e ameniza todas as dores. Pela vibração do nome daquele que a enviou, pode-se avaliar a grandeza de seu conteúdo.

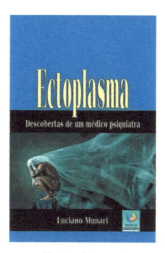

Ectoplasma
LUCIANO MUNARI
Formato 14 x 21 cm • 168 p.

Ectoplasma é, sem sombra de dúvida, um livro ímpar por relatar a experiência de um médico psiquiatra ao descobrir, após anos de observações e estudos, que a origem de diversos sintomas apresentados por seus pacientes eram decorrentes da influência de uma substância fluídica ainda desconhecida pela medicina clássica, denominada ectoplasma. Mais que um ousado e competente cientista do corpo e da alma, Luciano Munari disponibiliza nesta obra uma efetiva contribuição em favor do estabelecimento de novas fronteiras etiológicas para as doenças, bem como pretende suscitar discussões mais amplas a respeito da bioquímica do ectoplasma, sua origem, produção e influência na saúde do corpo físico, dando continuidade a estudos iniciados por Charles Richet, cientista francês do início do século 20, e interrompidos por seus sucessores há mais de oito décadas.

O autor descreve e analisa patologias como úlcera, artrite, enxaqueca, labirintite, fibromialgia, TPM, depressão, síndrome do pânico, transtorno da somatização (a "bola" na garganta), entre outras, esclarecendo ao leitor de forma clara e objetiva de que maneira o ectoplasma e sua produção excessiva pelo fígado colabora para a formação desses sintomas físicos e psíquicos tão comuns nos dias de hoje. E mais: como a alimentação adequada, o exercício da paranormalidade direcionado para o bem, e uma reformulação do comportamento psíquico podem colaborar para o controle dos sintomas ectoplasmáticos e conseqüente cura de enfermidades.

Com quase 30 anos de estudos, que incluem experiências em Terapia de Vida Passada, Luciano Munari nos oferece o que há de mais interessante na área.

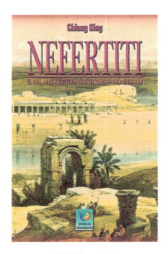

Nefertiti
E os mistérios sagrados do Egito
CHIANG SING
Formato 14 x 21 cm • 352 p.

Nefertiti e os mistérios sagrados do Egito não é uma obra a mais sobre a terra dos faraós; é uma contribuição séria e importante para aqueles que desejam penetrar no âmago da história do antigo Egito e desvendar os sagrados mistérios de seu povo, seus costumes, seus deuses e seus governantes. O leitor pode aceitar ou não as conclusões que Chiang Sing apresenta, porém é incontestável a seriedade dos seus documentos e a inegável honestidade das fontes que ela utilizou como alicerce para a confecção desta obra histórica. Inspirada nos papiros, Chiang Sing preferiu adotar a versão de que Nefertiti é quem foi a incentivadora do culto a Aton no Egito, contribuindo para a transformação das idéias religiosas de seu esposo, o faraó Akhnaton. "Que cada um escolha a sua própria versão. A verdadeira talvez nunca venha a ser conhecida", afirma o diplomata egípcio Mohamed Salah El Derwy admirador e amigo da autora.

A CURA PELO AMOR
foi confeccionado em impressão digital, em maio de 2025
Conhecimento Editorial Ltda
(19) 3451-5440 — conhecimento@edconhecimento.com.br
Impresso em Luxcream 80g. — StoraEnso